Fraschetti | Caesar

Reclam Sachbuch

Augusto Fraschetti

Caesar

Eine Biographie

Aus dem Italienischen übersetzt
von Achim Wurm

Reclam

Titel der italienischen Originalausgabe:
Augusto Fraschetti: Giulio Cesare.
Rom/Bari: Editori Laterza, 2005.

RECLAMS UNIVERSAL-BIBLIOTHEK Nr. 18872

Published by arrangement with Marco Vigevani Agenzia Letteraria
Gestaltung: Cornelia Feyll, Friedrich Forssman
Gesamtherstellung: Reclam, Ditzingen. Printed in Germany 2015

ISBN 978-3-15-018872-9

Auch als E-Book erhältlich

www.reclam.de

Die Übersetzung dieses Buches wurde gefördert durch das SEPS –
SEGRETARIATO EUROPEO PER LE PUBBLICAZIONI SCIENTIFICHE.

SEPS
SEGRETARIATO EUROPEO PER LE PUBBLICAZIONI SCIENTIFICHE

Via Val d'Aposa 7 – 40123 Bologna – Italien
seps@seps.it – www.seps.it

Inhalt

Eine Jugend in unruhigen Zeiten

Vornehme Herkunft

Gaius Iulius Caesar kam am 13. Juli 101 v. Chr. in Rom zur Welt. In diesem Jahr war Gaius Marius, der von den Massen verehrte Führer der Popularen, Konsul. Seit Jahrzehnten, namentlich seit dem Auftreten der Volkstribunen Tiberius und Gaius Gracchus (133 bzw. 123 v. Chr.), standen sich Popularen und Optimaten in unversöhnlicher Feindschaft gegenüber. Die optimatische Adelsfraktion, die einen zahlenmäßig beschränkten, wenngleich einflussreichen Machtzirkel innerhalb des Senats bildete, vertrat eine konservative, ja rückständige Politik und widersetzte sich allen Reformbestrebungen, die der römischen Republik ein etwas demokratischeres Gesicht hätten geben können. Marius war, da mit Iulia, der Schwester von Caesars Vater, verheiratet, Caesars Onkel. Dessen Vater, welcher ebenfalls den Namen Iulius trug, starb schon als junger Mann und war, obschon Angehöriger einer der vornehmsten Familien Roms, in der Ämterlaufbahn nicht über das Amt des Prätors hinausgekommen. Die *gens Iulia* galt als eines der ältesten und vornehmsten Geschlechter (*gentes*) der Stadt. Die Julier führten ihre Ursprünge bis auf eine jener Familien zurück, die der römische König Tullius Hostilius nach der Eroberung Alba Longas nach Rom übersiedelt hatte. Diese »Albaner Geschlechter« führten ihren Ursprung, wie in Rom allgemein angenommen und von den antiken Etymologen bestätigt, mit Recht auf Iulus/Ascanius, den Sohn des Aeneas, zurück, der nach Aeneas' Tod das von diesem gegründete Lavinium verließ, um seinerseits Alba Longa zu gründen.

Abb. 1: Porträtbüste Caesars, bereits in fortgeschrittenem Alter. Rom, Vatikan, 1. Jh. n. Chr.

Caesars Mutter dagegen stammte aus dem Geschlecht der Aurelii Cottae, dessen Angehörige zu Caesars Jugendzeit mehrfach einen der beiden Konsuln stellten. Nach dem Tod ihres Gatten ging Aurelia keine neue Verbindung ein. Wie Cornelia, die Mutter der Gracchen, hatte sie somit Anspruch auf den Ehrentitel einer »*univira*«, blieb also zeitlebens die Gattin eines einzigen Mannes, was in den Kreisen der römischen Oberschicht durchaus unüblich war. Zweit- oder gar Drittehen waren die Regel, wurden aber meist nicht aus Sehnsucht nach Gesellschaft oder aus persönlicher Zuneigung, sondern zur Festigung politischer Bande eingegangen, denn hierin bestand der Hauptzweck eines Ehebündnisses zwischen Angehörigen einzelner Senatsfamilien. Anders als ihre Standesgenossinnen widmete sich Aurelia als Witwe ausschließlich der Erziehung ihres Sohnes sowie dessen Schwester Iulia (deren Tochter Atia Octavian gebar, den späteren Kaiser Augustus). Vor allem auf Caesar galt es, ein wachsames Auge zu haben. Der gutaussehende junge Mann war amourösen Abenteuern gegenüber ebenso wenig abgeneigt wie einem kostspieligen Lebenswandel – Geldsorgen sollten ihn fast sein ganzes Leben lang begleiten. Als ihr Sohn in einem Prozess gegen den ehemaligen Konsul und Günstling Sullas, Cornelius Dolabella, erwartungsgemäß unterlag, war es Aurelia, die dafür sorgte, dass der junge Heißsporn Rom für einige Zeit verließ und eine längere Reise nach Rhodos und anschließend nach Athen unternahm. Es ist freilich bezeichnend, dass dieser es trotz seiner jungen Jahre gewagt hatte, einen Mann wie Dolabella, der nach der Schlacht an der Porta Collina an der Seite Sullas in die Stadt eingezogen und dafür 81 v. Chr. mit dem Konsulat belohnt worden war, wegen Unterschlagung vor Gericht zu bringen (Grund waren undurchsichtige Machenschaften während Dolabellas Amtszeit als Statthalter in Makedonien).

Von Caesars Aufenthalt auf Rhodos berichtet auch Sueton, sieht diesen jedoch auch durch rhetorische Studien veranlasst: Er beschloss, »sich nach Rhodos zurückzuziehen, sowohl um der üblen Stimmung zu entgehen als auch in Ruhe und Muße bei Apollonius Molon, dem zu dieser Zeit angesehensten Lehrer der Beredsamkeit, seine Studien zu vervollkommnen.«[1] Ebenfalls bei Sueton liest man,

1 Sueton, *Caesar* 4,1 (zit. nach: Sueton, *Caesar*, Lateinisch/Deutsch, übers. und hrsg. von Dietmar Schmitz, Stuttgart 1999, Universal-Bibliothek 6695).

Caesar habe »als Knabe und als junger Mann einige Werke verfasst, wie *Das Lob des Hercules*, eine Tragödie *Ödipus* sowie eine Sentenzensammlung. Augustus erließ ein Verbot der Veröffentlichung all dieser Bücher in einem recht kurzen und bündigen Brief an Pompeius Macer, dem er die Aufsicht über die Bibliotheken übertragen hatte.«[2] Dass der erste Kaiser sich bewogen sah, die Werke seines Adoptivvaters mit einer Art nachträglicher Zensur zu belegen, ist immerhin erstaunlich; bemerkenswert ist auch, dass sich unter den unveröffentlichten Jugendwerken Caesars eine Kurzdichtung auf Herakles befand, einen Helden also, der manche Züge mit dem Autor gemeinsam hatte, zumindest das betreffend, was dieser sich an heldenhaften Taten für seine eigene Zukunft erhoffen mochte.

Heirat und Priesteramt

Im Alter von ungefähr 16 Jahren ließ Caesar sich auf Anraten seiner Tante Iulia und seiner Mutter Aurelia von seiner ersten Frau Cossutia scheiden. Sie war die Tochter eines – davon kann man ausgehen – steinreichen, ansonsten aber unbekannten Ritters, und die Eheschließung zwischen einem römischen Patrizier und der Tochter eines Mannes aus dem Ritterstand war wohl allein durch die beträchtliche Mitgift motiviert gewesen. Denn ungeachtet der Herkunft aus höchsten Kreisen war Caesars Familie weitaus weniger vermögend, als es ihr Status verlangt hätte. Im Jahr 84 heiratete Caesar Cornelia, eine Tochter Cornelius Cinnas, der nach Marius' Tod im Jahr 86 die Führung der Popu-

2 Sueton, *Caesar* 56,7.

laren übernommen hatte. Aurelia und Iulia hatten diese neue Ehe klug eingefädelt: Sie wollten Caesars Verbindungen zur römischen Aristokratie auf höchstem Niveau festigen. Vor allem aber ermöglichte die Vermählung mit einer Patriziertochter Caesars Erhebung zum *flamen Dialis*, zum Jupiterpriester. Der Inhaber dieses Priesteramtes war als »lebendes Standbild« des Gottes (so Plutarch) allerdings uralten kultischen Vorschriften unterworfen. Nicht nur mussten beispielsweise er selbst und seine Gattin dem Patriziat angehören, es war ihm auch untersagt, die Stadt zu verlassen, und niemals sollte er ein Heer unter Waffen erblicken.

Ursprünglich dazu bestimmt, die rituelle Reinheit des Priesteramtes zu wahren, hatten diese Vorschriften in spätrepublikanischer Zeit dazu geführt, dass seine Übernahme für einen ambitionierten Sprössling des römischen Patriziats wenig verlockend war, denn sie machte eine politische Karriere beinahe unmöglich. Weder ein Amt als Statthalter noch als Legionskommandant waren nämlich mit den strengen Kultvorschriften vereinbar. Angesichts der politischen Situation um die Mitte der achtziger Jahre v. Chr. muss man in Caesars Bestimmung zum *flamen Dialis* jedoch den vorausschauenden Versuch von Mutter und Tante sehen, ihn durch ein so bedeutendes und geachtetes Priesteramt aus den Wirren eines Bürgerkriegs herauszuhalten, der nach der Rückkehr Sullas nach Italien unmittelbar bevorzustehen schien.

Die Verfolgung unter Sulla

Nach dem Sieg über Mithridates, den König von Pontos, kehrte Sulla 83 nach Italien zurück, mit seinem Heer in Brundisium (Brindisi) landend. Im Oktober 82 kam es vor der Porta Collina, einem auf dem Quirinalshügel gelegenen Tor der Servianischen Mauer, zum Kampf gegen die Marianer. Es war das erste Mal, dass unmittelbar vor den Mauern Roms eine Schlacht geschlagen wurde, vor allem aber war Sulla der erste römische Feldherr, der die Stirn besaß, seine Männer unter Waffen bis vor die Tore Roms zu führen. Sulla sollte dieses unerhörte Verhalten – nicht allein bei seinen popularen Gegnern – bleibende Kritik eintragen. Die Truppen der Nachfolger des Marius und Cinnas wurden geschlagen. Marius dem Jüngeren, dem Sohn von Caesars Tante Iulia, wurde, nachdem er sich in einen Abwassergraben geflüchtet hatte, von einem Häscher Sullas der Kopf abgeschlagen und dem Sieger überbracht. Sulla ließ sich als *dictator legibus scribundis et rei publicae restituendae*, als »Diktator zur Gesetzgebung und Wiederherstellung des Staatswesens« ohne zeitliche Begrenzung des Mandats unumschränkte Machtbefugnisse übertragen. Er verlangte nun von Caesar, dem Neffen seines einstigen Gegners Marius und Vetter des jüngeren Marius, auf das Priesteramt des *flamen Dialis* zu verzichten. Mehr noch, er sollte sich von seiner Gattin Cornelia trennen. Doch Caesar blieb standhaft – vielleicht aus echter Liebe zu seiner Gattin (die in der römischen Oberschicht nicht als Voraussetzung für eine Ehe angenommen werden kann), vielleicht aber auch im Bestreben, sich seine Glaubwürdigkeit bei den Popularen zu erhalten, die in Gaius

Marius und dessen Sohn auch nach ihrer Niederlage Helden sahen.

Unterdessen hatte Sulla obendrein zum Schreckensmittel der Proskription gegriffen: Er ließ Listen mit den Namen seiner politischen Gegner anlegen, in denen hauptsächlich Senatoren und die oft besonders vermögenden Angehörigen des Ritterstandes verzeichnet waren. Jeder hatte das Recht, sie zu töten; überbrachte jemand den abgeschlagenen Kopf eines Geächteten, erhielt er eine Belohnung, der Besitz der Proskribierten wurde eingezogen. Es waren schließlich Caesars Verwandte, die Aurelii Cottae, Parteigänger Sullas, die Caesar vor der Proskription bewahrten. Auch die Vestalinnen intervenierten zugunsten des designierten Jupiterpriesters. Dieser war freilich klug genug, die Stadt vorerst zu verlassen und in der Provinz Asia seinen Militärdienst zu absolvieren. Dort wurde er dem Statthalter Marcus Minucius Thermus unterstellt, einem Sullaner, der ein Auge auf den jungen Popularenspross haben würde.

Sulla, so wird überliefert, soll unwillig ausgerufen haben, Caesars Fürsprecher »sollten sich mit ihrem Willen durchsetzen und ihn behalten, wenn sie nur wüssten, dass er, dessen Unversehrtheit sie so sehr wünschten, einst für den Untergang der Adelspartei der Optimaten sorgen werde, die sie gemeinsam mit ihm verteidigt hätten; denn in Caesar stecke mehr als ein Marius«.[3]

3 Sueton, *Caesar* 1,3.

Minucius Thermus betraute Caesar mit der vergleichsweise einfachen Mission, beim König von Bithynien, Nikomedes IV., die Stellung eines versprochenen Flottenverbandes anzumahnen. Offenbar fand Nikomedes Gefallen an dem jungen Römer, der sich seinerseits dem Werben des Älteren nicht verschloss. Zumindest deuten die teils recht deftigen Spottverse darauf hin, welche Caesars eigene Soldaten – nicht etwa seine Gegner – im Jahr 46 beim Triumphzug anlässlich der Siege im Gallischen Krieg zum besten gaben.

Auf dem Rückweg von Bithynien kam es zur legendär gewordenen Begegnung mit kilikischen Piraten, die Caesars Schiff aufbrachten, ihn selbst gefangensetzten und Lösegeld forderten. Plutarch schildert den Vorfall wie folgt:

> Zuerst lachte er die Seeräuber aus, als sie nur 20 Talente forderten, weil sie nicht wüssten, was sie da für einen Fang gemacht hätten. Er bot ihnen von sich aus 50 Talente an und schickte seine Begleiter in die einzelnen Städte, um das Geld aufzutreiben. Er selbst blieb mit einem Freund und zwei Dienern bei diesen mordgierigen Kilikiern zurück. Er hatte vor ihnen so wenig Respekt, dass er ihnen jedesmal, wenn er sich schlafen legte, befehlen ließ, still zu sein. 38 Tage lebte er so bei ihnen, und eher schienen sie seine Leibwache als er ihr Gefangener zu sein, so furchtlos trieb er Spiele und sportliche Übungen mit ihnen. Er schrieb Gedichte und Reden und trug sie ihnen vor, und diejenigen, die ihm keine Bewunderungen dafür zollten, nannte er frei heraus ungebildete Ker-

le und Barbaren, und oftmals drohte er ihnen lachend, er werde sie aufhängen lassen. Die Piraten hatten ihren Spaß daran und hielten seine freimütigen Reden für harmlosen Scherz ohne weitere Bedeutung. Sobald jedoch das Lösegeld aus Milet eingetroffen und Caesar frei war, mietete er sofort einige Schiffe im Hafen von Milet und fuhr gegen die Seeräuber aus. Er fand sie noch bei der Insel [Pharmakussa] vor Anker liegen und nahm die meisten von ihnen gefangen. Ihr Geld beschlagnahmte er als seine Beute, die Männer aber brachte er nach Pergamon ins Gefängnis [...].[4]

Zurück in Pergamon legte Caesar sich mit dem römischen Statthalter der Provinz Asia an. Dieser hatte zwar die Beute bereitwillig in Empfang genommen, schob aber die Aburteilung und Bestrafung der Piraten auf die lange Bank, weshalb Caesar die Sache kurzerhand selbst erledigte und die Seeräuber ans Kreuz schlagen ließ. Anschließend nahm er an der Belagerung von Mytilene teil. Bei dieser Gelegenheit verlieh man ihm die *corona civica*, eine hohe militärische Auszeichnung, die denen vorbehalten war, die einem römischen Mitbürger im Kampf das Leben gerettet haben. Die nächsten Jahre diente Caesar in Kilikien unter dem Kommando von Servilius Isauricus.

In Kilikien erreichte ihn schließlich auch im Jahr 78 die Nachricht, dass Sulla, der seine Diktatur schon vorher niedergelegt hatte, gestorben war. In das Jahr 78 fielen jedoch auch die Ereignisse um den amtierenden Konsul Lepidus,

4 Plutarch, *Caesar* 2 (zit. nach: Plutarch, *Caesar*, übers. und hrsg. von Marion Giebel, Stuttgart 1980, 2015, Universal-Bibliothek 19292).

der – wie es der kaiserzeitliche Autor Florus ausdrückt – »die Fackel des Bürgerkrieges neu entfachte«. Tatsächlich hatte Lepidus lediglich den Versuch unternommen, die von Sulla beseitigten Rechte der Volkstribunen wiederherzustellen, war damit aber auf den Widerstand der Optimaten gestoßen. In dieser Situation erhoben sich die Städte Etruriens zu Lepidus' Unterstützung. Als es daraufhin auch in Rom zu Tumulten kam, wurde der Konsul aus dem Weg geräumt. Während Lepidus derart scheiterte, schwelte bereits seit Jahren in Spanien ein weiterer Konflikt. Dort hatte sich der Kriegsherr Sertorius, ein anderer Gegner der Optimaten, mit seinen Truppen festgesetzt.

Als Caesar von Sullas Ableben erfuhr, kehrte er unverzüglich nach Rom zurück, wo seine Mutter Aurelia und seine Gattin Cornelia ihn erwarteten. Ein bewegter Lebensabschnitt lag hinter ihm: Nun hieß es, sich Gedanken über die eigene politische Zukunft zu machen.

Die Anfänge der politischen Karriere

Beginn der militärischen und zivilen Ämterlaufbahn

Nach seiner Rückkehr aus Kleinasien wurde Caesar 72 oder 71 zum *tribunus militum* gewählt. Das Militärtribunat wurde von der Volksversammlung vergeben und stand am Beginn der römischen Ämterlaufbahn. Im Jahr 72 beschloss der Senat einen Straferlass für die Anhänger des Lepidus; auch Caesar hatte sich für das Vorhaben ausgesprochen. Damit war eine politische Wende eingeleitet, die im Jahr 70, auch diesmal mit Caesars Unterstützung, ihre Fortsetzung erreichte. Auf Antrag der amtierenden Konsuln Pompeius und Crassus billigte der Senat die *lex Pompeia Licinia de tribunicia potestate*. Das »Gesetz über die Befugnisse der Volkstribunen« setzte diese wieder in ihre angestammten Rechte ein, welche Sulla ihnen zu Beginn seiner Diktatur genommen hatte. Dazu zählte das Vetorecht gegen Beschlüsse des Senats, falls diese ihrer Ansicht nach den Interessen des Volkes zuwiderliefen; das Recht zur »Interzession«, d. h. einen Amtsträger an der Bestrafung eines verurteilten Plebejers zu hindern; schließlich das Recht, Beschlüsse in die Volksversammlung einzubringen, die anschließend durch einfache Bestätigung im Senat Gesetzesrang erhielten. Das politische Klima, das zuvor von Erstarrung und Repression bestimmt war, hatte sich geändert. Noch im selben Jahr wurde Caesar zum Quästor für das Jahr 69 gewählt.

Caesar absolvierte die Quästur in der Provinz Hispania ulterior. Wie Sueton berichtet, soll er dort beim Besuch des Heraklestempels von Gades (Cádiz) vor dem Standbild

Alexanders des Großen in lautes Klagen ausgebrochen sein (ohne ahnen zu können, dass der Vergleich seiner selbst mit dem großen Makedonen namentlich von Plutarch später zum literarischen Topos erhoben werden würde). Der knapp dreißigjährige Quästor habe damals, wie es bei Sueton heißt, »gewissermaßen Ekel über seinen eigenen Mangel an Tatkraft« empfunden, hatte er doch »in einem Alter, in welchem Alexander bereits den Erdkreis bezwungen hatte, noch nichts Denkwürdiges vollbracht«.[5] In der Nacht zuvor, so Sueton weiter, hatte Caesar einen verstörenden Traum, in dem er seine eigene Mutter Aurelia vergewaltigte. Die Wahrsager, denen er seinen Traum zur Deutung vorlegte, gaben ihm dennoch Anlass zu großer Hoffnung. Sie erkannten in dem Traumgesicht einen Hinweis darauf, dass er einmal die ganze Welt unterwerfen würde, denn mit der Mutter könne nichts anderes gemeint sein als die Erde, welche die Mutter aller Menschen sei. Das Streben nach der Weltherrschaft sollte Caesar später tatsächlich vorgeworfen werden und ihn bis zu den Iden des März des Jahres 44 nicht loslassen.

Zunächst brachte das Jahr 69 für Caesar indes den Verlust seiner Tante Iulia und seiner Gattin Cornelia. Auf beide hielt er dem Herkommen gemäß die Leichenrede. Es war üblich, darin auf die Vorfahren des Verstorbenen einzugehen, deren Wachsbildnisse im Trauerzug mitgeführt wurden. Im Falle Iulias gehörten dazu zwangsläufig auch die Bilder der beiden popularen Helden, ihres Gatten Marius und ihres gemeinsamen Sohnes Marius des Jüngeren. Die Worte, die Caesar bei dieser Gelegen-

5 Sueton, *Caesar* 7,1.

heit gebrauchte, zeugen von seinem politischen Selbstverständnis:

> Die Familie meiner Tante Iulia stammt mütterlicherseits von Königen, väterlicherseits von den unsterblichen Göttern ab. Denn von Ancus Marcius nehmen die Nachfahren des Marcius Rex ihren Ursprung, einen Namen, den ihre Mutter trug, von Venus aber die Julier, zu deren Stamm unsere Familie gehört. Demnach verbindet sich in ihrer Abstammung sowohl die Ehrwürdigkeit der Könige, die unter den Menschen den größten Einfluss haben, als auch die Heiligkeit der Götter, unter deren Herrschaft selbst die Könige stehen.[6]

Indem er seine Tante Iulia ehrte, führte Caesar seine eigene Herkunft auf königliche Wurzeln und den Ursprung der Julier sogar bis auf Aeneas und damit bis auf Venus, dessen göttliche Mutter, zurück. Caesar gelingt es hier, zwei durchaus gegensätzliche Pole rhetorisch in Einklang zu bringen. Die Bildnisse von Iulias Gatten und Sohn repräsentieren die populare Politikrichtung, während mit den Iulii und Marcii zwei der vornehmsten *gentes* der römischen Nobilität ins Spiel gebracht werden.

Auch auf seine Gattin Cornelia, Mutter seiner einzigen Tochter Iulia, hielt Caesar die Totenrede. In ihrem Leichenzug wurde das Bildnis des nach Marius bedeutendsten Popularenführers mitgeführt, dasjenige von Cornelias Vater Lucius Cornelius Cinna.

Auf der Suche nach einer neuen Gattin sahen sich der

6 Sueton, *Caesar* 6,1.

ehrgeizige Witwer und seine weitblickende Mutter Aurelia nun in solchen Kreisen der römischen Gesellschaft um, zu denen er bisher keine direkten Verbindungen unterhielt. Die Wahl fiel schließlich auf Pompeia. Sie war die Tochter von Quintus Pompeius, vor allem aber war sie eine Enkelin Sullas. Als nächster Schritt im *cursus honorum*, der politischen Ämterlaufbahn im republikanischen Rom, ließ Caesar sich (wahrscheinlich mit Crassus' Unterstützung, der im selben Jahr zum Censor wurde) 65 zum curulischen Ädil wählen. Zweiter Mann im Amt war Marcus Bibulus, dem als Konsul des Jahres 59 noch einmal das zweifelhafte Vergnügen zuteil werden sollte, als Caesars Kollege zu amtieren. Zu den Aufgaben der Ädilen gehörten die Ausrichtung von Festlichkeiten und die Sorge für den öffentlichen Raum. In dieser Funktion ließ Caesar auf dem Kapitol hölzerne Säulengänge errichten und darin Kunstwerke aus seinem Privatbesitz aufstellen. Wie alle römischen Statthalter und Funktionäre hatte auch Caesar seinen Aufenthalt in Kleinasien genutzt, um dort griechische Statuen und Reliefs zu sammeln – mit anderen Worten, diese unter Verwendung mehr oder weniger legaler Mittel in seinen Besitz zu bringen. Immerhin sollte die öffentliche Ausstellung eines Teils dieser Werke allen Einwohnern Roms die griechische Kunst näherbringen.

Offiziell trugen beide Ädilen die anfallenden, üblicherweise horrenden Kosten ihrer Amtsführung gemeinsam. Angesichts der notorischen Verschuldung seines Kollegen war es aber wohl der vermögende Bibulus allein, der für sie geradestand. Es scheint aber, dass dieser die Sache von der humorvollen Seite nahm – Sueton zufolge soll er unter Hinweis auf die in Rom verehrten Zwillingsgötter amüsiert geäußert haben: »Ihm werde dasselbe Los zuteil wie Pollux; wie nämlich der auf dem Forum erbaute Tempel stets nur Kastortempel heiße, so spreche man von seiner und Caesars Freigebigkeit immer als von der des Caesar allein.«[7]

Im Vertrauen auf seine während der Ädilität erworbene Beliebtheit beim Volk versuchte Caesar sich durch Antrag der Volkstribunen ein Sonderkommando für Ägypten übertragen zu lassen. Dort war es im Gefolge von Thronstreitigkeiten innerhalb des Herrscherhauses der Ptolemäer zu Unruhen gekommen; das Volk von Alexandria hatte König Ptolemaios XI. aus der Stadt vertrieben, und Caesar sah den Augenblick für ein militärisches Eingreifen gekommen. Doch die Optimaten machten ihm einen Strich durch die Rechnung, woraufhin Caesar sich revanchierte, indem er in seiner Eigenschaft als Ädil anordnete, über Nacht die Siegeszeichen für Marius' Sieg über die Kimbern und Teutonen wieder aufzustellen, die Sulla nach seinem Einmarsch in Rom hatte abbauen lassen. Vergebens protestierte Lutatius Catulus im Senat dagegen und verwies auf Sullas Verbot. Außerdem ließ Caesar im Rahmen von Mordprozessen gegen diejenigen Anklage erheben, die in der Proskriptionszeit für das Haupt eines Erschlagenen Geld aus dem Staatsschatz erhalten hatten, obschon diese durch ein Gesetz Sullas vor Strafverfolgung geschützt waren.

Aber auch jenseits aller politischen Manöver bot die Ädilität Caesar nun die Möglichkeit, nachhaltige Bindungen zur römischen Unterschicht aufzubauen. Über die römi-

7 Sueton, *Caesar* 10,1.

sche Plebs ist manches geschrieben worden. Oft wird das politische Desinteresse und die Nichtstuerei einer Klasse beklagt, für die allein kostenlose Getreideverteilung, Zirkusspiele und andere Formen der Volksbelustigung eine Rolle gespielt hätten. Der, um einen modernen Begriff zu gebrauchen, »Politikferne« der Unterschichten entsprach jedoch eine ebensolche auf Seiten der römischen Führungsschicht, denn deren Angehörige waren meist einzig und allein an der Mehrung der persönlichen Macht und des persönlichen Vermögens interessiert. Der gemeinsame Besuch von Zirkusspielen und Theateraufführungen, die oft in Verbindung mit Getreidespenden von römischen Beamten und Priestern ausgerichtet wurden, war ein Bestandteil des öffentlichen Lebens in der Hauptstadt. Und wenn viele freigeborene Römer ein Leben auf öffentliche Kosten führten, war dies die unvermeidliche Folge der hohen Dauerarbeitslosigkeit in einer Stadt, in der Tausende von Klienten und Sklaven ihren Herren und Besitzern als kostenlose Arbeitskräfte zu Verfügung standen.

Die römische Plebs liebte Caesar, und Caesar erwiderte diese Zuneigung. Er verteidigte ihre Rechte, wenn auch im Rahmen desselben »paternalistischen« Systems, das die Plebejer bereits an die Gracchen oder den wie ein Volksheld verehrten Gaius Marius gebunden hatte. Caesar verdankte seine Beliebtheit beim römischen Volk nicht zuletzt der Pracht der von ihm ausgerichteten Spiele. Besonders anlässlich der im September stattfindenden Großen Spiele, der *ludi magni* zu Ehren des Iuppiter Optimus Maximus, stellte er seine Großzügigkeit unter Beweis. Als amtierender Ädil verlängerte er diese um Kampfspiele zum Gedächtnis der Manen seines Vaters. Allerdings bereitete die Anwesenheit der vielen hierzu erforderlichen Gladiatoren innerhalb der Stadtmauern dem Senat einige Sorgen, und es wurde ein Dekret erlassen, das die Zahl der Kampfpaare begrenzte. Die Erinnerung an den Sklavenaufstand unter der Führung des entlaufenen Gladiators Spartacus war noch zu frisch, und manche Senatoren befürchteten Unruhen.

Caesar und die Verschwörung des Catilina

Für das Jahr 65 wurden Publius Cornelius Sulla (trotz der Namensgleichheit mit dem Diktator ein Vertreter der Popularen) und Publius Autronius Paetus zu Konsuln gewählt. Zwei der »gemäßigten« Mitbewerber reagierten auf diesen Erfolg der Popularen, indem sie die designierten Konsuln wegen Wahlbetrugs anklagten und nach ihrer Verurteilung sich selbst ins Amt wählen ließen. Daraufhin schlossen sich die abgesetzten Konsuln mit Caesar und Crassus im Winter 66/65 angeblich zu einem Bündnis zusammen, das auch als »erste Catilinarische Verschwörung« bezeichnet wird: Die neuen Konsuln und sämtliche Senatoren, die ihnen zu Hilfe eilen würden, sollten getötet, Crassus unter dem Vorwand, die öffentliche Ordnung aufrechtzuerhalten, zum Diktator und Caesar zu seinem Reiteroberst gewählt (*magister equitum*, der Stellvertreter eines Diktators, der aber deutlich geringere Befugnisse hatte als dieser), Sulla und Autronius wieder in ihre Ämter eingesetzt werden. Caesar fiel den Berichten zufolge die Aufgabe zu, das Zeichen zur Ermordung der Konsuln zu geben, doch war er klug genug, am verabredeten Tag seinen Einsatz zu verpassen; das Attentat scheiterte und mit ihm die gesamte Verschwörung, an deren Existenz stark gezweifelt wird.

Caesars Rolle als »reuiger« Verschwörer, der sich im letzten Moment eines Besseren besinnt, empfanden schon seine Zeitgenossen als unrühmlich, dennoch passt sie durchaus in das wenig erbauliche Gesamtbild, das wir heute von den letzten Jahrzehnten der Republik haben. Caesars Verhalten hat ihm offenbar weder bei Crassus noch bei Catilina geschadet, und es sollten keine zwei Jahre vergehen, bis Caesar erneut mit Catilina und dessen Verschwörung (der zweiten) in Verbindung gebracht wurde.

Im Jahr 63, das als Ciceros Konsulatsjahr in die Geschichte einging, wurde Caesar zum Pontifex Maximus gewählt und damit zum obersten Priester und Verantwortlichen für alle kultischen Belange der Stadt Rom, nicht zuletzt für die Aufsicht über das Kollegium der Vestalinnen, die im Vestatempel auf dem Forum das heilige Feuer hüteten. Die Wahl kam unter nicht ganz gewöhnlichen Umständen zustande. Caesar konnte sich gegen seinen langjährigen größten Widersacher, den ehemaligen Konsul Lutatius Catulus, durchsetzen, musste sich zu diesem Zweck aber maßlos verschulden. Deshalb soll er seiner Mutter Aurelia, als sie ihn am Wahlmorgen beim Verlassen des Hauses umarmte, angekündigt haben, als Sieger nach Hause zurückzukehren – oder überhaupt nicht mehr. Plutarch zufolge prophezeite er ihr sogar: »Mutter, heute siehst du deinen Sohn entweder als Pontifex wieder oder als Verbannten!«

Caesars Rolle im Zusammenhang der Catilinarischen Verschwörung des Jahres 63 hat schon den Zeitgenossen mancherlei Rätsel aufgegeben. Weder ist restlos geklärt, in welcher Funktion, noch, ob er überhaupt zum Kreis der

Verschwörer gehörte. Ebenso umstritten ist seit je die Frage nach der Zusammensetzung der Verschwörergruppe und nach den genauen Zielen und Motiven der Männer um Catilina. In der literarischen und historiographischen Überlieferung, bis hin zu hochkarätigen Autoren wie Sallust, werden die Verschwörer meist als moralisch verderbte, von persönlichen Animositäten und Geldnöten getriebene Bankrotteure geschildert. Ein so scharfsichtiger Historiker wie André Piganiol konnte deshalb im Umkehrschluss die Frage stellen, ob die »Catilinarische Gefahr« nicht ein Schreckgespenst war, das seine Existenz vor allem den Ängsten und der Beredsamkeit Ciceros verdankte. Piganiol zufolge war es das von Cicero erwirkte *senatus consultum ultimum*, eine Art Notstandsbeschluss des Senats, auf den Catilina gar nicht anders reagieren konnte, als zu den Waffen zu greifen und einen Staatsstreich anzuzetteln, wollte er sich nicht aus der Stadt vertreiben lassen.

Angesichts der unübersichtlichen historischen Nachrichtenlage, der Gerüchte und Verdächtigungen, welche in jenen Tagen die Runde machten (manche davon sahen auch Crassus in die Verschwörung verwickelt) verdient Caesars Verhalten in der Senatssitzung vom 5. Dezember, als über die Forderung nach sofortiger Hinrichtung der gefangengesetzten Verschwörer beraten wurde, besonderes Augenmerk. Caesar vertrat dort als Pontifex Maximus und designierter Prätor eine entschieden formalrechtliche Position und beharrte auf der Einhaltung der geltenden Gesetze. Der Historiker Cassius Dio, der zur Zeit der Severerkaiser lebte, schildert die Episode aus dem Abstand mehrerer Jahrhunderte:

Die Senatoren waren nämlich unsicher geworden und hätten beinahe die Verschwörer auf freien Fuß gesetzt. Denn Caesar hatte sich, während alle Vorredner für die Todesstrafe eingetreten waren, dafür ausgesprochen, dass man die Verschwörer in Fesseln legen, ihren Besitz einziehen und sie dann in verschiedene Städte verbringen solle. Bedingung aber müsse bleiben, dass keine weitere Verhandlung mehr wegen ihrer Amnestierung stattfinde und, falls einer von ihnen sich davonmache, die Stadt, aus der er entwische, als feindlich zu betrachten sei.[8]

Der Antrag scheiterte vor allem an der harten Haltung des für seine Kompromisslosigkeit bekannten Cato, der die unverzügliche Hinrichtung der in Haft befindlichen Anhänger Catilinas forderte. Cicero sah sich – sehr in seinem Sinne, wie man annehmen kann – genötigt, sich dieser Forderung anzuschließen. Zwei Jahre darauf musste er dieses Verhalten mit dem Gang ins Exil bezahlen.

Doch auch Caesars Verhalten im Senat hatte Folgen; um ein Haar wäre er an diesem Tag beim Verlassen der Senatssitzung von den Wache haltenden Rittern niedergemacht worden. Bis zum Jahresende hielt er sich deshalb von den Sitzungen fern. Kaum aber hatte er am 1. Januar die Prätur übernommen, zitierte Caesar seinen Intimfeind, den Senatsältesten (*princeps senatus*) Lutatius Catulus vor die Volksversammlung. Dort forderte er, Catulus' Namen aus der Widmungsinschrift am Tempel des Iuppiter Optimus

8 Cassius Dio, *Römische Geschichte* 37,36,1–2 (zit. nach der Ausgabe von Otto Veh, Zürich/München 1985 [u.ö.]).

Maximus, dessen Wiederaufbau er geleitet hatte, zu entfernen und durch den des großen Pompeius zu ersetzen, der sich damals noch auf seinem Eroberungsfeldzug in Kleinasien und Syrien befand. In die gleiche Richtung weist ein anderer Vorfall, bei dem Caesar den Tribun Metellus Nepos in dessen Forderung unterstützte, Pompeius zur Wiederherstellung der Ordnung nach Rom zurückzurufen. Als der Senat sich diesem Vorhaben widersetzte, kam es zu Straßenunruhen, woraufhin Caesar und Metellus durch ein *senatus consultum ultimum* ihrer Ämter enthoben wurden. Metellus floh daraufhin aus der Stadt und stellte sich angesichts dieser an die Zeiten Sullas gemahnenden, eklatanten Verletzung seiner Rechte als Volkstribun unter den Schutz des Pompeius. Währenddessen zog Caesar sich in sein Haus zurück und beschwichtigte die draußen zu seiner Unterstützung zusammengeströmte Menge. Die spontanen Proteste zeigten jedoch Wirkung, und er wurde vom Senat kurz darauf wieder in sein Amt eingesetzt.

Die Prätur

Der *Bona-Dea*-Skandal

Während Caesar sich in seiner Zeit als Prätor recht umsichtig verhielt, ließ es seine Gattin Pompeia, die er nach dem Tode der tugendhaften Cornelia geheiratet hatte, an ebendieser Umsicht augenscheinlich fehlen. Pompeia hatte offenbar eine Schwäche für Publius Clodius, den Bruder Clodias, der Gattin des Licinius Lucullus (vermutlich handelte es sich um jene Clodia, die Catull in seinen Gedichten Lesbia nennt und die er ebenso leidenschaftlich liebte, wie sie ihn eifrig und häufig auch offen betrog). Publius seinerseits gehörte von Anfang an zu Caesars Günstlingen oder, was wohl der genauere Ausdruck wäre, zu seinen Handlangern.

Die Umstände, unter denen das Verhältnis zwischen Clodius und Pompeia ans Licht kam, waren äußerst pikant. Das Haus des Pontifex Maximus bildete alljährlich den Schauplatz für die Feiern zu Ehren der *Bona Dea*. Im Mittelpunkt standen geheime Riten, die vermutlich um die weibliche Fruchtbarkeit kreisten. Die Teilnahme war ausschließlich Frauen vorbehalten, kein Mann war zugelassen, nicht einmal der Oberpriester selbst, dessen Gattin für die Ausrichtung des Festes der *Bona Dea* die Verantwortung trug. Im Jahr 62 nun schlich sich der für seinen laxen Lebenswandel berüchtigte Publius Clodius als Frau verkleidet heimlich in das Haus des Pontifex zu einem Stelldichein mit dessen Gattin. In einem Ton, der zwischen Amüsiertheit und Entrüstung schwankt, schildert Plutarch die Episode mit folgenden Worten:

Damals hatte nun Pompeia die Aufgabe, dieses Fest zu veranstalten. Clodius, der noch keinen Bart hatte und deshalb darauf vertraute, nicht entdeckt zu werden, ging als Harfenspielerin verkleidet hin, er sah aus wie ein junges Mädchen. Er fand die Türen offen stehen und wurde von einer in sein Geheimnis eingeweihten Dienerin ohne jede Gefahr ins Haus gebracht. Die Dienerin lief nun voraus, um Pompeia Bescheid zu sagen. Als einige Zeit vergangen war, wagte Clodius nicht, länger dort stehenzubleiben, wo sie ihn zurückgelassen hatte, er irrte in dem großen Haus umher, wobei er die beleuchteten Räume mied, bis er einer Dienerin der Aurelia in die Arme lief. Diese forderte ihn zur Teilnahme an den Spielen auf, sie hielt ihn ja für eine Frau. Als er sich weigerte, zog sie ihn mitten in den Raum und fragte ihn aus, wer er sei und woher er käme. Clodius antwortete, er warte auf Pompeias Abra – so hieß die vorher erwähnte Dienerin –, er verriet sich aber durch seine Stimme. Die Dienerin Aurelias fing an zu schreien und rannte sofort zu den erleuchteten Räumen und zur Festversammlung. Einen Mann habe sie ertappt, rief sie laut. Die Frauen gerieten in höchste Aufregung, Aurelia aber ließ sofort die Kultfeier der Göttin abbrechen und die Heiligtümer verhüllen. Sie selber durchsuchte, nachdem sie die Türen hatte verschließen lassen, mit Fackeln das ganze Haus nach Clodius. Man fand ihn in der Kammer der Dienerin versteckt, die ihn hereingelassen hatte. Er wurde erkannt und von den Frauen aus dem Haus geworfen. […] Clodius wurde nun von einem der Volkstribunen wegen Religionsfrevel vor Gericht gezogen, und die angesehensten Männer des Senats traten gemeinsam gegen ihn auf. Sie bezeugten außer seinen übrigen Schandtaten, dass er sogar mit seiner eigenen Schwester, der Gemahlin des Lucullus, ein ehebrecherisches Verhältnis gehabt habe. Den Bestrebungen dieser Männer widersetzte sich jedoch das Volk. Es nahm Clodius in Schutz und stärkte damit seine Position vor Gericht, weil die Richter vor der Menge zitterten und bebten. Caesar leitete sofort die Scheidung von Pompeia ein, aber als Zeuge vor Gericht erklärte er, von Clodius' Tat nichts Genaues zu wissen. Auf diese befremdende Antwort hin fragte ihn der Ankläger: »Warum hast du dich denn dann von deiner Frau scheiden lassen?« »Weil ich der Meinung war«, antwortete Caesar, »dass auf meine Frau nicht einmal der Schatten eines Verdachtes fallen dürfe.«[9]

Wenn Pompeia also sicher nicht als Muster ehelicher Tugend gelten kann, so war doch auch Caesar alles andere als ein treuer Gatte. Den Quellen zufolge soll er etliche Affären mit Damen der römischen Oberschicht unterhalten haben, darunter auch mit Crassus' Gattin Tertulla sowie mit Mucia, der Ehefrau des Pompeius. Die wichtigste und längste Beziehung war jedoch diejenige zu Servilia, einer Enkelin von Marcus Livius Drusus, dem Volkstribun des Jahres 91, und erste Ehefrau des Marcus Livius Brutus, der seinerseits 82 das Tribunat bekleidet hatte. Nach dessen Tod heiratete Servilia Decimus Iunius Silanus, der 62 Konsul wurde. Bei Sueton findet sich eine lange Liste der Frauen, mit denen Caesar im Laufe der Jahre ein Verhältnis gehabt haben soll. Am Ende heißt es dort über Servilia:

9 Plutarch, *Caesar* 10.

Aber vor allen anderen Frauen liebte Caesar Servilia, die Mutter des Marcus Brutus, der er in seinem ersten Konsulat eine Perle im Wert von sechs Millionen Sesterzen schenkte und der er im Verlaufe des Bürgerkrieges neben anderen Schenkungen enorme Landgüter aus öffentlichen Versteigerungen zu einem Spottpreis zuschlagen ließ. Als sich freilich viele über den geringen Preis wunderten, sagte Cicero sehr witzig: »Wisst, er hat noch viel besser gekauft – wenn man ein Tertia abzieht«; man glaubte nämlich, dass Servilia auch ihre Tochter Tertia [»die Dritte«] an Caesar verkuppelte.[10]

Manche behaupteten sogar, dass Servilias Sohn Brutus Caesars leiblicher Nachkomme sei. Ungeachtet aller Gerüchte war Servilia eine der klügsten und politisch fähigsten Köpfe im Rom jener Jahre. Sie beriet ihren Liebhaber Caesar mit ebenso großer Scharfsicht wie ihren Sohn Brutus – selbst wenn dieser nicht sehr aufmerksam auf die Ratschläge seiner Mutter gehört zu haben scheint.

Als Proprätor in Spanien

Im Anschluss an die Prätur erhielt Caesar die Provinz Hispania ulterior als Statthalter zugewiesen. Es gab indes ein Problem, das ihn an der Abreise hinderte: die immensen Schulden, deren Begleichung seine Gläubiger zuvor von ihm verlangten. Wie üblich wandte Caesar sich an den steinreichen Crassus, der nur zu gern bereit war, ihm aus seiner finanziellen Notlage zu helfen, konnte er sich auf

10 Sueton, *Caesar* 50,2.

diese Weise doch die Freundschaft eines der einflussreichsten Politiker Roms sichern.

In Spanien angekommen, hob Caesar unverzüglich zehn Kohorten aus, so dass ihm zusätzlich zu den bereits dort stationierten zwanzig eine beachtliche Streitmacht zu Gebote stand. Dann unternahm er einen Feldzug gegen die Einwohner des heutigen Galiziens und die Lusitaner, unterwarf sie und erreichte als erster Römer mit seinen Truppen den Atlantik. Sodann kümmerte er sich um die Verwaltung der Städte in seiner Provinz. Dazu gehörte eine Neuordnung des Schuldenwesens: Caesar ordnete an, dass ein Gläubiger von seinem Schuldner jährlich nicht mehr als zwei Drittel von dessen Einnahmen einfordern durfte, ihm aber das übrige Drittel lassen müsse, bis die Schuld getilgt wäre. Als er die Provinz wieder verließ, hatte Caesar nicht nur seinen eigenen Besitz beträchtlich gemehrt, so Plutarch, sondern auch den seiner Soldaten, die ihn zum Dank zum Imperator ausriefen.

Das »erste Triumvirat«

Geheime Absprachen

Im Jahr 60 trafen Pompeius, Crassus und Caesar eine auf ausdrücklichen Wunsch aller Beteiligten streng vertrauliche Absprache; dieses Geheimbündnis der drei Mächtigen wurde später als »erstes Triumvirat« bekannt. Plutarch bemerkt über den Charakter des Dreierpakts folgendes:

> Die bisher Verfeindeten machte Caesar wieder zu Freunden und vermochte damit das politische Ansehen beider auf sich zu vereinigen. Damit gelang ihm durch eine so menschenfreundlich erscheinende Tat eine entscheidende politische Kräfteverschiebung. Es war nämlich nicht, wie die meisten annehmen, das Zerwürfnis zwischen Caesar und Pompeius, das am Ausbruch des Bürgerkrieges schuld war, die grundlegende Ursache war vielmehr ihre Freundschaft, denn sie gingen ihre Verbindung zunächst einmal ein mit dem Ziel, die Senatsherrschaft zu stürzen, und später haben sie sich dann untereinander entzweit.[11]

Plutarch, der hier Caesar die Initiative zum Abschluss des Geheimpakts zuschreibt, sieht in diesem Bündnis bereits die Grundlage für den Ausbruch des Bürgerkriegs gelegt. Dahinter steht die Auffassung, das Jahrzehnt zwischen der Bildung des »ersten Triumvirats« und dem Tod Pompeius' des Großen sei als eine Art langdauernder Agonie der rö-

11 Plutarch, *Caesar* 13.

mischen Republik zu begreifen. Diese Auffassung findet sich vor Plutarch bereits beim großen Historiker Asinius Pollio, einem Zeitgenossen der Ereignisse. Der Verfasser einer heute verlorenen Geschichte des Bürgerkriegs hatte auf Seiten Caesars an den Kämpfen teilgenommen. Aus Horaz, der das Geschichtswerk im ersten Buch der *Oden* in höchsten Tönen lobt, wissen wir, dass auch Asinius im Bündnis der drei Mächtigen (*principes*) eine folgenschwere Konstellation erblickte:

> Der Streit, der begann unter Metellus, dem Konsul,
> zwischen den Bürgern,
> des Krieges Gründe, Greuel, sein Verlauf,
> das Spiel auch der Fortuna und die unheilvollen
> Bündnisse der Führer, die Waffen,
>
> besudelt mit noch ungesühntem Blut:
> Ein Werk, gefährlich, voll des Wagemuts,
> beginnst du, schreitest hin durch Gluten,
> die verborgen noch unter Asche voll Trug.[12]

Horaz schrieb diese Verse zu einer Zeit, als Caesars Erbe Octavian (Augustus) die hergebrachten republikanischen Formen mit der neuen Herrschaftsform (die wir als Prinzipat bezeichnen) in Übereinstimmung zu bringen suchte und gleichzeitig darum bemüht war, das in den Bürgerkriegen vergossene Blut zu »sühnen«, indem er Persönlichkei-

12 Horaz, *Oden* 2,1,1–8 (zit. nach: Horaz, *Sämtliche Werke*, Lateinisch/Deutsch, hrsg. von Bernhard Kytzler, Stuttgart 1992, Universal-Bibliothek 18466).

ten, die zuvor in den Reihen seiner Feinde gekämpft hatten, mit Ämtern und Senatssitzen bedachte.

Den Beginn des Konflikts zwischen den Mächtigen schon in das Jahr 60 zu legen, wie der Caesarianer Asinius Pollio es tat, wirft tatsächlich ein erhellendes Licht auf die Geschichte des Bürgerkrieges. Das erste Triumvirat war ja nicht einfach eine Art Schattenregierung. Zumindest Caesar und Crassus verfolgten mit dem Dreierbündnis weitergesteckte politische Ziele. Ihnen ging es darum, die Vormacht der Optimaten ein für allemal zu brechen, indem sie Pompeius aus deren Lager abwarben. Die bleierne Zeit der siebziger Jahre war von der erdrückenden Vormacht der Optimaten überschattet gewesen – auch Crassus und Caesar hatten dies im Laufe ihrer politischen Karriere zu spüren bekommen. Nun sahen sie die Möglichkeit einer Abrechnung mit den Optimaten gekommen, wenn sie sich mit Pompeius verständigten.

Pompeius wiederum konnte zwar etliche militärische Erfolge für sich in Anspruch nehmen, doch seine Popularität bei den einfachen Leuten war gering. Er war nicht volksnah genug, schien den Optimaten zu eng verbunden, denn – anders als die Realpolitiker Crassus und Caesar – war Pompeius einem obsoleten politischen Lagerdenken verhaftet. Gleichzeitig war der Feldherr bei der Wahl seiner neuen Verbündeten der Getriebene seiner Selbsttäuschung und der Not, einer Enttäuschung über die Optimaten: Einst seine verlässlichen Mitstreiter, hatten sie im Senat die von ihm beantragte Ansiedlung seiner Veteranen in Kolonien auf italischem Boden verhindert, die er den Soldaten versprochen hatte. Crassus, der Dritte im Bunde, strebte die Übertragung militärischer Kommandopositionen an. Sein Ruf als erfolgreicher Feldherr, den er nach der Niederschlagung des Sklavenaufstandes unter Spartacus genossen hatte, wurde von seinem sagenhaften Luxusleben und seinem Reichtum überschattet. Die Erfüllung seiner Wünsche sollte jedoch in einer katastrophalen Niederlage enden.

Das Konsulat

Pompeius gelang es, seine Forderungen, gestützt auf die beiden neuen Bündnispartner, schon bald durchzusetzen; Caesar wurde mit Pompeius' und Crassus' Unterstützung zum Konsul des Jahres 59 gewählt. Einmal im Amt, ließ er unverzüglich ein Ackergesetz beschließen. Faktisch stellte diese *lex Iulia* die Wiederaufnahme eines im Jahr 63 von dem Volkstribun Servilius Rullus eingebrachten Gesetzentwurfs dar, der aber von Cicero hintertrieben worden war. Caesars neuer Anlauf sah vor, Veteranen, die unter Pompeius im Osten gekämpft hatten, in einem der fruchtbarsten Landstriche Italiens anzusiedeln, rund um Capua, wo eine eigene Kolonie entstehen sollte. Für Pompeius bedeutete dies nicht nur die Einlösung eines Versprechens an seine Soldaten, sondern auch eine große persönliche Ehre.

Als Konsul gelang es Caesar nach kurzer Zeit auch, den Widerstand zu brechen, mit dem Lucullus die Bestätigung der Aufteilung der eroberten Gebiete durch seinen Rivalen Pompeius im Senat bisher verhindert hatte. Caesar setzte den ehemaligen Konsul, ohne zu zögern, unter Druck. Er drohte, ihn vor Gericht zitieren und wegen Amtsmissbrauchs anklagen zu lassen, denn auch Lucullus hatte sich in seiner Zeit als Prokonsul in Kleinasien, wie die meisten aus der römischen Senatsaristokratie stammenden Statthalter, bereichert. Wie in Rom üblich wurde das politische Bündnis der drei Mächtigen durch eine Ehe besiegelt. Caesar gab dem schon in vorgerücktem Alter stehenden Pompeius seine Tochter Iulia zur Frau, die aus der Verbindung mit Cornelia stammte.

Die Zuweisung der Provinzen

Die Wahl Caesars zum Konsul bedeutete eine Machteinbuße für die Optimaten, die jedoch ihre Rache vorerst darauf beschränken mussten, den beiden Konsuln für die Zeit nach dem Ende ihres Amtes zwei wertlose Tätigkeitsgebiete zuzuweisen. Wie Jérôme Carcopino vermutet, handelte es sich bei diesen »*silvae callesque*«, »Waldgegenden und Viehwegen durchs Bergland«, um Gegenden im äußersten Süden Italiens. Unabhängig von der Frage, wo genau diese Gebiete lagen, wirft die Episode ein bezeichnendes Licht auf das Wertesystem und die Denkweise der Römer. Diese erblickten im Reich der »Wälder und Berge« den Widerpart zur geordneten Welt der Stadt, gleichsam das Land der Aboriginer, der ersten Bewohner Latiums, von denen die Überlieferung berichtet. Wälder und Berge galten zu Caesars Zeit als Reich des Unzivilisierten und der Barbarei, grundverschieden von der städtischen Lebensweise der Römer. Dabei spielte es kaum eine Rolle, ob mit Städten seit alter Zeit bestehende Munizipien gemeint waren oder ob es sich um Kolonien auf italischem Boden handelte. Wenn den Konsuln des Jahres 59 vom Senat nun solche Gebiete als Provinzen zugeteilt wurden, konnte dies nur als Revanche der unterlegenen Optimaten aufgefasst werden, die sich vor allem gegen Caesar richtete.

Als Reaktion auf einen derartigen Affront gingen Pompeius und Crassus zum Gegenangriff über. Mit ihrer Unterstützung brachte Vatinius ein Plebiszit in die Volksversammlung ein, nach dem dem künftigen Prokonsul Caesar nicht nur Gallien und Illyricum mit drei Legionen zugesprochen werden sollte, sondern darüber hinaus das Recht, die Legaten selbst zu bestimmen und in seinen Provinzen Kolonien für römische Bürger zu gründen; später kam zu diesem ohnehin schon machtvollen Kommandobereich noch die Provinz Gallia Narbonensis mit einer vierten Legion hinzu. Caesar konnte schließlich unbesorgt in seine Provinzen aufbrechen, nachdem zum Konsul des Jahres 58 sein Schwiegervater Calpurnius Piso Caesoninus gewählt worden war.

Außerdem blieb Clodius in der Stadt zurück, der ungeachtet des *Bona-Dea*-Skandals noch immer zu seinen treuesten Verbündeten zählte. Clodius unterhielt enge Verbindungen zur stadtrömischen Unterschicht und war in diesem Jahr zudem Volkstribun. In dieser Funktion ließ er, wie Asconius in seinem Kommentar zu Ciceros Reden vermerkt, vier »brandgefährliche Gesetze« verabschieden, die auf nichts Geringeres zielten als die Aushebelung der Macht der Senatsaristokratie.

Der Gallische Krieg

Caesars *De bello Gallico*

Bei Caesars Schrift über die Feldzüge in Gallien, den *Commentarii de bello Gallico*, habe es sich, so wurde oft vermutet, lediglich um eine Art Notizensammlung gehandelt, die der Autor später ausarbeiten wollte, um ihnen ihre endgültige literarische Gestalt zu geben. Diese These kann aus mehreren Gründen nicht überzeugen, vor allem, weil weder die Schilderung des Gallischen Krieges noch Caesars Darstellung des Bürgerkrieges, die *Commentarii de bello civili*, stilistische oder sprachliche Nachlässigkeiten aufweisen, die auf eine eilige Niederschrift hindeuten würden. Im Gegenteil, sie zeigen einen formvollendeten Gebrauch der lateinischen Sprache – wie von einem Autor mit der literarischen Bildung Caesars auch kaum anders zu erwarten. Schon Caesars enger Vertrauter Hirtius schickte seiner Ergänzung der *Commentarii* voraus:

> [sie waren] nach allgemeinem Urteil so gut, daß es schien, als habe Caesar den Autoren die Möglichkeit genommen, nicht etwa geboten, über seine Taten zu schreiben. Unsere Bewunderung dafür geht noch weit über die der anderen hinaus. Denn die anderen kennen sie als gut und sorgfältig überarbeitet, wir jedoch wissen, wie leicht und schnell sie Caesar geschrieben hat.[13]

13 Caesar, *Gallischer Krieg* 8, praef. 5–6 (zit. nach: Caesar, *De bello Gallico / Der Gallische Krieg*, Lateinisch/Deutsch, übers. und hrsg. von Marieluise Deißmann, Stuttgart 1980, Universal-Bibliothek 9960).

In seiner 1967 erschienenen Schrift zollte ein Autor wie Concetto Marchesi dem Autor des *Gallischen Krieges* unverhohlene Bewunderung: »Caesars Prosa besitzt die vollkommene Eleganz und Transparenz eines literarischen Kunstwerks und zugleich die feierliche Schlichtheit der Verlautbarungen eines Feldherrn. Die *Commentarii* sind wahrhaftig das offizielle Dokument der Größe Caesars.«[14] Anders fällt mit gutem Grund die Einschätzung Luciano Canforas aus, was Caesars angebliche »Größe« betrifft. Für Canfora sind die *Commentarii* nichts anderes als das »Schwarzbuch« eines »kaltblütig, ohne Anlass, ohne echte Gefahr oder echte Bedrohung vom Zaun gebrochenen Feldzuges [...], eines Vernichtungskrieges gegen eine bestehende Zivilisation, die nach und nach durch die Romanisierung verdrängt wurde. Ein Völkermord erschreckenden Ausmaßes, wie Plinius und Plutarch übereinstimmend belegen.«[15]

Der Ausbruch des Krieges: die Helvetier

Die *Commentarii* beginnen mit einer kurzgefassten Beschreibung Galliens. Das Land sei von Belgern und Aquitanern besiedelt sowie von Völkern, »die in der Landessprache Kelten heißen, bei uns jedoch Gallier«.[16] Ohne weiter ins Detail zu gehen, lässt Caesar es zunächst bei einigen knappen Angaben zur Geographie bewenden. Dann

14 C. Marchesi, *Disegno storico della letteratura latine*, Mailand/Messina ^{6}1967, S. 146.

15 L. Canfora, *Caesar, Der demokratische Diktator. Eine Biographie*, München 2004, S. 127.

16 Caesar, *Gallischer Krieg* 1,1,1.

kommt er übergangslos auf die Auswanderung der Helvetier zu sprechen; diese hätten unter der Führung des Orgetorix beschlossen, ihren langgehegten Plan der Unterwerfung ganz Galliens nun in die Tat umzusetzen, denn das bevorstehende Erscheinen Caesars mit einer starken römischen Streitmacht in Gallien habe Ängste vor einem Scheitern des Projekts geweckt.

Die Helvetier, so Caesar, setzten sich in Marsch und verbrannten ihre Siedlungen (*oppida*) und Dörfer (*vici*). Städtische Siedlungsformen im umfassenden Wortsinn gab es in Gallien in der Tat nicht, sie sind eine Folge von Caesars Eroberung, auch wenn diese Entwicklung hauptsächlich später, seit der Triumviratszeit, einsetzte. Eine wichtige Station in diesem Prozess war die Gründung der römischen Kolonie Lugdunum (Lyon) durch den Caesaranhänger Asinius Pollio im Jahr 43. Ihr folgten zahlreiche Stadtgründungen in augusteischer Zeit, als die Romanisierung Galliens voll in Gang kam.

Zu den gallischen Stämmen, die sich mit den Helvetiern verbündeten, gehörten auch die Boier. Dieser Keltenstamm war in Noricum eingefallen und hatte Noreia besetzt, wo 113 v. Chr. die Kimbern den römischen Konsul Gnaeus Papirius geschlagen hatten. In Rom hatte man daraufhin einige Kelten und ein paar Griechen auf dem Forum Boarium als Menschenopfer lebendig begraben. Auf diese Weise sollte die Vernichtung und Verbannung der Feinde Roms in die Unterwelt symbolisch vollzogen werden, ohne das Blut der Opfer zu vergießen. Seit Brennus 387 v. Chr. bis in die Stadt vorgedrungen war, herrschte in Rom der *metus Gallicus*, die Angst vor einer gallischen Invasion. (Noch zur Zeit Caesars – Gallien war längst unterworfen –

Silures
BRITANNI
Trino-
bantes
Tamesa
Belgae
Cantii
Regni
Dumnonii
Fretum Gallicum
Portus Itius
Morini
Atrebates
Nemetocenna
Nervii
Sabis
Scaldis
Ambiani
Samarobriva
Viromandui
BELGA
Caleti
Bratuspantium
Remi
Veliocasses
Bellovaci
Bibrax
Axona
Isara
Venelli
Lexovii
Noviodunum
Durocortorum
Sequana
Suessiones
Matrona
Meldi
Catalauni
Lutetia
Parisii
Meclodunum
Osismii
Curiosolites
Aremorici
Diablintes
Eburovices
Aulerci
Cenomani
Veneti
Redones
Carnutes
Senones
Tricasses
Agedincum
Cenabum
Ling
Andes
(Andecavi)
Namnetes
Liger
Noviodunum
Alesia
Mandubii
Turones
Avaricum
Noviodunum
Aedui
Bibracte
Pictones
Bituriges
Cubi
Decetia
CELTAE
Elaver
Santones
Garumna
Lemovices
Gergovia
Lugudunum
Segusiavi
Arverni
Vellavi
Bituriges-
Burdigala
Vivisci
Petrocorii
Uxellodunum?
Duranius
Olt/s
Gabali
Uxellodunum?
Divona
Cebenna M.
Helvii
Rhodanus
AQUITANI
Vocates
Nitiobroges
Cadurci
Ruteni
Tannis
Sotiates
Tarbelli
Ausci
Tolosa
VOLCAE
Arecomici
Fossa Mariana
Bigerriones
Garumna
Carcaso
Narbo
Tectosages
Ruscino
Pyrenaei Montes
Sordones

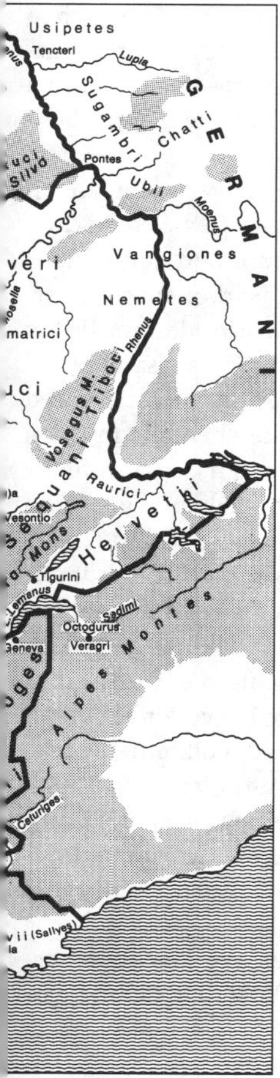

Abb. 2: Karte Galliens zur Zeit Caesars.

verbot ein Erlass zur Gründung einer neuen römischen Kolonie in Spanien den beiden obersten städtischen Beamten, den Duoviri, die Kolonie zu verlassen – es sei denn im Falle einer »Bedrohung durch die Gallier«, die in Wirklichkeit gar nicht mehr existierte.)

Caesar berichtet, wie er, als sich die Helvetier im Jahr 58 an den Ufern der Rhône sammelten, in Gewaltmärschen bis nach Genava (Genf) vorrückte, um ihnen den Durchzug durch die römische Provinz Gallia Narbonensis zu versperren. (Caesar nennt dieses Territorium, das an die im heutigen Oberitalien gelegene Provinz Gallia cisalpina angrenzt, einfach *»provincia nostra«*.) Die von Helvetiern und Sequanern bedrohten Haeduer und die ebenfalls mit den Römern verbündeten Allobroger ersuchten Caesar um militärische Unterstützung. Zum Volk der Helvetier gehörten vier Stämme, einer davon, die Tiguriner, so erinnert Caesar seine Leser, hatte »beim Auszug aus seinem ursprünglichen Heimatland – zur Zeit unserer Väter – den Konsul Lucius Cassius getötet und sein Heer unter das Joch geschickt. So wollte es der Zufall oder der Ratschluss der unsterblichen Götter, dass gerade der Teil der Helvetier als erster seine Strafe erhielt, der dem römischen Volk eine bedeutende Niederlage zugefügt hatte.«[17] So wie hier weist Caesar häufig auf Geschehnisse hin, die den Krieg gegen die Gallier in den Augen seiner römischen Leser als Wiedergutmachung vergangener Niederlagen und Ausgleich erlittener Schmach erscheinen lassen mussten.

Die zugesagten Proviantlieferungen der Haeduer blieben aus, was ein schweres Vergehen darstellte. Schuld dar-

17 Caesar, *Gallischer Krieg* 1,12,5 f.

an, so hieß es, sei Dumnorix, der Anführer der Reiterei der Haeduer, der »Caesar und die Römer aus ganz persönlichen Gründen hasse, weil durch ihr Erscheinen seine Machtstellung erschüttert worden sei, wohingegen sein Bruder Diviciacus seine frühere Beliebtheit und sein Ansehen wiedererlangt habe.«[18] Die Rivalität zwischen dem antirömisch eingestellten Dumnorix und seinem romfreundlichen Bruder Diviciacus steht mit einer Eigenschaft im Zusammenhang, die der Historiker und Ethnograf Caesar, wie er später berichtet, in der gesamten keltischen Gesellschaft beobachtet hatte:

> In Gallien gibt es nicht nur in allen Stämmen und ihren einzelnen Gauen und Bezirken, sondern fast in jeder Familie politische Gruppierungen. An der Spitze stehen die, die den Ruf haben, in der öffentlichen Meinung den größten Einfluss zu besitzen. Von ihrem Schiedsspruch und ihrem Urteil hängen die wichtigsten politischen Entscheidungen und Pläne ab. Dies scheint von alters her aus dem Grund so eingerichtet zu sein, damit niemand aus dem niederen Volk Unterstützung gegenüber einem Mächtigeren versagt bleibe. Denn keiner dieser Führer lässt zu, dass seine Anhänger unterdrückt oder betrogen werden. Wenn er sich anders verhielte, hätte er bei ihnen keinerlei Ansehen mehr. Dieselbe Struktur findet sich auch in Gesamtgallien, denn alle Stämme zusammen sind in zwei Parteien geteilt.[19]

18 Caesar, *Gallischer Krieg* 1,18,8.
19 Caesar, *Gallischer Krieg* 6,11,2–5.

Die Nachdrücklichkeit, mit der Caesar diesen Charakterzug der keltischen Gesellschaft hervorhebt, deutet darauf hin, dass er ihn missbilligte. Es scheint fast, als ob der Autor der *Commentarii* im fernen Gallien von den gleichzeitigen Auseinandersetzungen und Spannungen in der fernen Hauptstadt nichts wissen wollte – als wäre dank des Abkommens mit Crassus und Pompeius jede Parteienrivalität aus der römischen Politik verschwunden. Derweil kam es dort unverändert zu Spannungen, die vor allem von den Optimaten ausgingen. Aber auch im einfachen Volk, von Publius Clodius und Caesars »Agenten« gelenkt, beginnt es zu rumoren. Grund sind Probleme mit der Getreideversorgung und die allgemeine Verschuldung – unter beidem hatte besonders die römische Unterschicht zu leiden.

Der Krieg gegen Belger und Veneter

Vom Aufstand der Belger im Jahr 57 bis zur Kapitulation des Vercingetorix in Alesia 52 v. Chr. führte Caesar immer neue Feldzüge, um den Widerstand der Gallier zu brechen. Der erste Stamm, der sich gegen ihn »erhob«, waren die Belger. Seinen eigenen Angaben zu Beginn der *Commentarii* zufolge bewohnten diese einen der drei Teile Galliens. Die Widerständigkeit der Belger erklärt Caesar mit Hinweis auf den ungezähmten Charakter dieses Stammes, über den die verbündeten Remer ihm berichtet hatten,

> dass die meisten Belger von den Germanen abstammten und in der Vergangenheit über den Rhein gekommen waren. Sie hätten sich wegen der Fruchtbarkeit des Bodens dort angesiedelt und die Gallier, die dort lebten,

> vertrieben. Zur Zeit unserer Väter seien sie die einzigen gewesen, die die Cimbern und Teutonen daran gehindert hätten, in ihr Gebiet einzudringen, als diese das gesamte übrige Gallien verheert hätten. Die Erinnerung daran habe dazu geführt, dass sie großen Einfluss für sich in Anspruch nähmen und sich im Krieg sehr viel zutrauten.[20]

Wenn die aus Germanien eingewanderten Belger tatsächlich ein Bollwerk gegen die Kimbern und Teutonen dargestellt hatten, besaß Caesar allen Grund, über die Informationen der Remer beunruhigt zu sein.

Auch die Suessionen und die Ambianer, die im Süden und Südwesten des belgischen Galliens siedelten, wandten sich gegen die Römer. Die diesen Stämmen benachbarten Nervier zeigten ein für Caesar besonders bemerkenswertes Verhalten: »Kein Handelsmann erlangte Zutritt zu ihnen. Es sei bei ihnen verboten, Wein und andere Luxusgüter einzuführen, weil sie glaubten, dass sie dies verweichliche und ihre Tapferkeit vermindere.«[21] Aus demselben Grunde – um ihre moralische und körperliche Widerstandsfähigkeit nicht zu gefährden – verweigerten auch Sueben und Belger Händlern den Zutritt zu ihrem Territorium und lehnten den Genuss von Wein ab.

Die aufständischen Suessionen und Ambianer erlitten gegen Caesars Truppen eine schwere Niederlage, die Nervier wurden fast vollständig aufgerieben. Als die Atuatucer, die sich selbst als Nachkommen der Kimbern und Teu-

20 Caesar, *Gallischer Krieg* 2,4,2 f.
21 Caesar, *Gallischer Krieg* 2,15,4.

tonen ansahen, von der Vernichtung der Nervier erfuhren, kehrten sie in ihre Siedlungsgebiete jenseits des Rheins zurück, und sämtliche linksrheinischen Stämme ergaben sich Caesar. In Rom rief der Senat daraufhin – mit diesen Worten schließt das 2. Buch der *Commentarii* – »ein Dankfest von 15 Tagen [aus], was nie jemand zuvor erreicht hatte«.[22]

Doch mit Dankfeierlichkeiten in der Hauptstadt war es nicht getan, um völlige Ruhe in Gallien herzustellen. Nun erhoben sich die Veneter, ein Volksstamm, der nicht nur wegen seiner Größe über viel Einfluss verfügte. Die Veneter besaßen auch seetüchtige Schiffe, auf denen sie regelmäßig nach Britannien übersetzten, um dort Handel zu treiben. Caesar zufolge waren sie es, welche die übrigen Gallier dazu anstachelten, »lieber weiter in Freiheit, die sie von den Ahnen her übernommen hätten, zu leben, als die Versklavung durch die Römer zu ertragen«.[23] Strategisch befanden sich die Veneter gegenüber den Römern im Vorteil, denn ihr Gebiet war von Land wie von See her nur schwer zugänglich, und nur sie selbst kannten die oft von der Flut überspülten Küstenwege. Wenn der Autor der *Commentarii* schreibt, fast alle Gallier seien für Krieg und Umsturz leicht zu gewinnen, so war er sich zugleich bewusst, »dass aber auch allgemein die menschliche Natur von Freiheitsdrang erfüllt ist und Sklaverei hasst […]«.[24] Den Feldherrn Caesar hinderte diese Einsicht jedoch keineswegs, den Krieg gegen die aufständischen Gallier, wenn

22 Caesar, *Gallischer Krieg* 2,35,4.
23 Caesar, *Gallischer Krieg* 3,8,4.
24 Caesar, *Gallischer Krieg* 3,10,3.

auch gegen manche Widerstände, weiterzuführen. Der Sieg der Römer in einem Seegefecht brachte schließlich die Entscheidung. Caesar rächte die Unbotmäßigkeit der Veneter mit aller Härte. Er ließ ihren gesamten Senat hinrichten und die übrige Bevölkerung in die Sklaverei verkaufen.

Im Jahr 55 überschritten erneut germanische Stämme, dieses Mal die Usipeter und Tencterer, den Rhein. Ursache ihrer Wanderung war der Druck, dem sie sich durch die Sueben ausgesetzt sahen, die als das kriegerischste aller Germanenvölker galten. Wie die Nervier und die Belger gestatteten die Sueben angeblich keine Einfuhr von Wein in ihr Gebiet, auch sie beriefen sich, Caesar zufolge, darauf, dass sein Genuss ihre Ausdauer und Nervenstärke schwächen würde. Damit unterschieden sich die genannten Stämme nicht nur von den Galliern, sondern vor allem auch von den Römern (bei denen traditionell allein den Frauen der Genuss von Wein verboten war).

Auch diesmal waren es aufständische gallische Stämme, die die Germanen von jenseits des Rheins zur Unterstützung im Kampf gegen die Römer gerufen hatten. Caesar brachte diesen Germanen nicht nur eine Niederlage bei, sondern setzte mit seinen Truppen sogar über den Strom. Am jenseitigen Ufer traf er auf die Sugambrer – er sollte ihnen während seiner Zeit in Gallien noch ein zweites Mal begegnen –, auf deren Gebiet er sich nur gerade lange genug aufhielt, um Gehöfte und Dörfer in Schutt und Asche zu legen und die Ernte zu verbrennen. Von diesem Vorgehen alarmiert, brachten die Sueben Frauen und Kinder in Sicherheit.

Ariovist

Der gesamte zweite Teil des ersten Buches von *De bello Gallico* beschäftigt sich mit dem Einfall des Germanenfürsten Ariovist in das Siedlungsgebiet der gallischen Sequaner. Von Wanderungsbewegungen germanischer Stämme auf gallisches Gebiet berichtet auch Tacitus: In der *Germania* heißt es, der Rhein, der die Grenzlinie zwischen Galliern und Germanen bilde, könne von letzteren mühelos überschritten werden. Tatsächlich sollte der Strom für die Römer auch in späterer Zeit stets eine bedrohte Grenze bleiben. Schon Caesar befürchtete, dass, wenn die Germanen »erst einmal ganz Gallien besetzt hätten, [...] diese wilden und barbarischen Menschen nichts ab[halte], wie zuvor die Cimbern und Teutonen in die Provinz [Gallia cisalpina] einzufallen und von dort weiter nach Italien zu ziehen [...]«.[25] Das Schreckgespenst eines Einfalls fremder Völker aus dem Norden verfolgte die Römer seit jeher, namentlich seit dem Einfall der Kimbern und Teutonen im Jahr 113. Es treibt auch Sallust um, der im *Bellum Iugurthinum* von der Niederlage des Konsuls Quintus Servilius Caepio im Jahr 105 v. Chr. berichtet (und dabei, obschon er als Anhänger Caesars sicherlich dessen *Commentarii* gelesen hatte, die beide Germanenvölker als »Gallier« bezeichnet):

> Zur selben Zeit wurde von unseren Heerführern Quintus Caepio und Gnaeus Mallius gegen die Gallier unglücklich gekämpft. Unter dieser Gefahr hatte ganz Italien gezittert: die Römer – jene und bis in unsere Tage –

25 Caesar, *Gallischer Krieg* 1,33,4.

glaubten es so: dass alles andere ihrer Tapferkeit leicht weiche, dass man aber mit den Galliern um das Leben, nicht um den Ruhm stritte.[26]

Auch in Caesars Heerlager geht die Angst um – vor den Germanen Ariovists, vor ihrer Körperkraft und Größe, von der Furchtbares berichtet wurde. Unter den jüngeren Offizieren macht sich Panik breit, manch einer bricht vor Verzweiflung in Tränen aus, »im ganzen Lager wurden allgemein Testamente verfaßt«.[27] In dieser Situation hält der Feldherr eine Ansprache an seine Offiziere und Zenturionen. Auch Caesar erwähnt Kimbern und Teutonen, jedoch in völlig anderem Sinne als Sallust, wenn er daran erinnert, dass »als zur Zeit unserer Väter von diesem Feind Gefahr drohte [...] das Heer nach C. Marius' Sieg über die Cimbern und Teutonen offenbar nicht weniger Lob«[28] als der Feldherr verdient habe.

Anders als Sallust unterscheidet Caesar sehr genau zwischen Galliern und Germanen. Dem amtierenden Pontifex Maximus dienen dabei, wie einem modernen Ethnologen, die religiösen Vorstellungen und Bräuche als wichtiges Unterscheidungsmerkmal:

Den Druiden obliegen [bei den Galliern] die Angelegenheiten des Kultus, sie richten die öffentlichen und priva-

26 Sallust, *Der Krieg mit Jugurtha* 114,1 f. (zit. nach: Sallust, *Bellum Iugurthinum / Der Krieg mit Jugurtha*, Lateinisch/Deutsch, übers. und hrsg. von Karl Büchner, Stuttgart 1971, Universal-Bibliothek 948).
27 Caesar, *Gallischer Krieg* 1,39,4.
28 Caesar, *Gallischer Krieg* 1,40,5.

ten Opfer aus und interpretieren die religiösen Vorschriften. Eine große Zahl von jungen Männern sammelt sich bei ihnen zum Unterricht, und sie stehen bei den Galliern in großen Ehren. Denn sie entscheiden in der Regel in allen staatlichen und privaten Streitfällen. Wenn ein Verbrechen begangen worden oder ein Mord geschehen ist, wenn der Streit um Erbschaften oder den Verlauf einer Grenze geht, fällen sie auch hier das Urteil und setzen Belohnungen und Strafen fest. Wenn sich ein Privatmann oder das Volk nicht an ihre Entscheidungen hält, untersagen sie ihm die Teilnahme an den Opfern. Diese Strafe gilt bei ihnen als die schwerste, denn die, denen die Teilnahme untersagt ist, gelten als Frevler und Verbrecher, alle gehen ihnen aus dem Weg und meiden den Umgang und das Gespräch mit ihnen, damit sie nicht durch ihre Berührung Schaden erleiden. Wenn sie etwas beanspruchen, wird ihnen kein Recht zuteil, und alle Ehrenstellen sind ihm verschlossen. An der Spitze aller Druiden steht ein Mann, der den höchsten Einfluss unter ihnen genießt. Stirbt er, so folgt ihm entweder der nach, der unter den übrigen das höchste Ansehen besitzt, oder aber sein Nachfolger wird von den Druiden gewählt, wenn mehrere gleich hohes Ansehen besitzen. Nicht selten wird dann jedoch auch mit Waffen um die leitende Stelle gekämpft […]. Man glaubt, dass die Lehre der Druiden aus Britannien stammt und nach Gallien herübergebracht worden ist. Daher gehen die, die tiefer in die Lehre eindringen wollen, meist nach Britannien, um sie dort zu studieren. […]

Die Germanen haben ganz andere Bräuche. Denn sie haben weder Druiden, die den kultischen Dingen vorstehen, noch legen sie Wert auf Opfer. Unter die Götter zählen sie nur die, die sie wahrnehmen und deren Wirken ihnen augenscheinlich zu Hilfe kommt, die Sonne, den Mond und Vulkan. Den Glauben an die übrigen kennen sie nur vom Hörensagen. Ihr ganzes Leben besteht aus Jagen und militärischen Übungen. Von klein auf streben sie danach, Härte und Anstrengungen zu ertragen. [...]

Ackerbau betreiben sie wenig, ihre Ernährung besteht zum größten Teil aus Milch, Käse und Fleisch. Auch hat niemand bei ihnen ein bestimmtes Stück Land oder Grundbesitz. Jeweils für ein Jahr weisen die Stammesleitung und die führenden Männer den Sippen, Großfamilien und anderen Genossenschaften ein Stück Land zu, wobei sie Größe und Lage nach ihrem Gutdünken festsetzen. Im Jahr darauf zwingen sie ihre Stammesgenossen weiterzuziehen. Für dieses Verfahren führen sie viele Gründe an: Ihre Stammesgenossen sollen keinen Gefallen an der Sesshaftigkeit finden und dadurch ihre kriegerische Neigung zugunsten des Ackerbaues aufgeben. Es soll auch nicht dahin kommen, dass sie ihr Ackerland erweitern wollen und die Mächtigen die Schwächeren von ihrem Besitz vertreiben [...].[29]

Während also die Kelten über eine eigene Priesterkaste verfügen, kennen die Germanen weder Priester noch festen Landbesitz. Vor allem Karl Marx und Friedrich Engels haben im 19. Jahrhundert das Fehlen von privatem Eigentum an Grund und Boden, das den Germanen in der anti-

29 Caesar, *Gallischer Krieg* 6,13,4–12; 6,21,1–3; 6,22,1–3.

ken Literatur übereinstimmend attestiert wird, eingehend gewürdigt.

Im Anschluss an seine Rede vor den Zenturionen schildert Caesar im ersten Buch der *Commentarii* seine Unterredungen mit Ariovist. Dieser, über die Verhältnisse in Rom offenbar gut unterrichtet, habe bei einem der Treffen gegenüber Caesar die Bemerkung fallen lassen, »es werde führenden Männern des römischen Volkes und vielen Mitgliedern des Adels willkommen sein, wenn er ihn umbringe, das habe er von ihnen selbst durch Boten erfahren. Ihrer aller Wohlwollen und Freundschaft könne er sich durch Caesars Tod erkaufen.«[30] Es mag erstaunen, dass ein »Barbaren«-Häuptling, in diesem Falle ein Germane, Verbindungen zu Angehörigen des römischen Senatsadels unterhielt. Noch erstaunlicher scheint indes, wie unversöhnlich der Hass mancher Optimaten auf Caesar gewesen sein muss, wenn diese scheinbar so elitären Senatoren sich darauf einließen, mit einem ausgewiesenen »Barbaren« wie Ariovist gemeinsame Sache zu machen.

Nachdem Caesar von Haeduern und Sequanern die zugesagten Proviant- und Getreidelieferungen erhalten hatte, eröffnete er die Schlacht gegen Ariovists Truppen. In dieser mit äußerster Härte und unter viel Blutvergießen ausgefochtenen Schlacht tat sich Publius Crassus, der Sohn des Triumvirn, als Kommandant der Reiterei besonders hervor. Einmal geschlagen machten die Germanen kehrt und flüchteten in Richtung Rhein, um ans Ostufer überzusetzen. Auch der anfangs so stolze und hochmütige Ariovist fand, so Caesar, ein am Ufer festgemachtes Boot und rette-

30 Caesar, *Gallischer Krieg* 1,44,12.

te sich damit über den Strom. Die übrigen wurden von der römischen Reiterei eingeholt und niedergemacht. Das erste Buch der *Commentarii de bello Gallico* endet mit für deren Autor so typischer nüchterner Knappheit:

> Nachdem Caesar in einem Sommer zwei so bedeutende Kriege siegreich beendet hatte, ließ er sein Heer etwas früher, als es die Jahreszeit erforderte, in das Gebiet der Sequaner ins Winterlager abrücken. Die Leitung des Winterlagers übertrug er Labienus. Es selbst brach in das diesseitige Gallien auf, um Gerichtstage abzuhalten.[31]

Die Expedition nach Britannien

Wie bereits erwähnt ließ Caesar im Jahr 55 eine Brücke über den Rhein schlagen, um den Germanen die Überlegenheit der römischen Militärtechnik zu beweisen und Kampfstärke zu zeigen. Noch im Spätsommer desselben Jahres bricht er zu einer neuen Unternehmung auf, die niemand vor ihm gewagt hatte. Er setzt mit einem Truppenkontingent nach Britannien über. Als Beweggrund gibt Caesar an,

> dass in fast allen gallischen Kriegen die Feinde von dort mit Hilfstruppen unterstützt wurden. Auch wenn die Jahreszeit es nicht mehr erlaubte, Krieg zu führen, glaubte er dennoch, es bringe für ihn Vorteile mit sich, wenn er nur auf der Insel landete, die Menschen dort genauer kennenlernte und Informationen über die Gegend, die

31 Caesar, *Gallischer Krieg* 1,54,2 f.

Häfen und die übrigen Landungsmöglichkeiten sammelte. Das alles war in der Regel den Galliern nicht bekannt.[32]

Bei der Landung kam es zu einem Seegefecht, in dem Caesar die Oberhand behielt, obschon seine Schiffsführer in unbekannten Gewässern manövrieren mussten. In einem weiteren Zusammenstoß mit den Briten unterlagen diese erneut und mussten Geiseln stellen:

> Caesar warf ihnen vor, dass sie ohne Ursache mit dem Krieg begonnen hätten, obwohl sie vorher aus freien Stücken Gesandtschaften aufs Festland geschickt hätten, um ihn um Frieden zu bitten. Er sagte ihnen jedoch zu, diese Unüberlegtheit zu verzeihen, und forderte die Stellung von Geiseln.[33]

Bei seiner Rückkehr aufs gallische Festland griffen die Moriner Caesars Expeditionscorps an, um sich der in Britannien gemachten Beute zu bemächtigen. Sie wurden jedoch vernichtend geschlagen und aufgerieben. Nach diesen Unternehmungen – so endet das vierte Buch der *Commentarii* – beschloss der Senat, neue Dankesfeiern auszurufen. Mit einer Dauer von zwanzig Tagen sollten sie noch einmal länger als die nach den ersten Siegen in Gallien abgehaltenen Festlichkeiten ausfallen.

Im Jahr 54 musste Caesar zunächst in Illyrien eingreifen, wo es zu Übergriffen der benachbarten Pirusten gekom-

32 Caesar, *Gallischer Krieg* 4,20,1–3.
33 Caesar, *Gallischer Krieg* 4,27,5.

men war (die Provinz umfasste damals erst einen schmalen Küstenstreifen am jenseitigen Ufer der Adria, der vor allem als Schutzzone gegen Piratenüberfälle auf die italische Küste fungierte). Anschließend kehrte er nach Gallien zurück. Auf dem Gebiet der Treverer waren schwere innere Konflikte ausgebrochen. Hier standen sich zwei Stammesführer gegenüber, auf der einen Seite der romtreue Cingetorix, der Caesar zusagte, »dass er mit seinem Anhang alle Verpflichtungen Caesar gegenüber einhalten und den Freundschaftsvertrag mit dem römischen Volk nicht brechen werde«,[34] auf der anderen Seite Indutiomarus, der bereits Reiterei und Fußtruppen aushob und für einen Krieg rüstete. Es gelang Caesar, die beiden Kontrahenten zu einer Verständigung zu bewegen, nachdem Indutiomarus seinen Sohn und alle seine Verwandten als Geiseln gestellt hatte. Nach Beilegung des Konflikts übertrug Caesar seinem Legaten Labienus den Befehl über drei auf dem gallischen Festland verbleibende Legionen und schiffte sich selbst mit fünf Legionen ein zweites Mal nach Britannien ein.

Nach seiner Landung trat ihm eine Streitmacht unter dem Oberbefehl des Cassivellaunus gegenüber. Bevor es zur Schilderung der eigentlichen Kampfhandlung kommt, schiebt Caesar auch hier eine Art ethnographischen Exkurs ein:

> Im Innern Britanniens leben Menschen, die behaupten, sie seien nach der Überlieferung der Insel selbst entsprossen. An der Küste leben die Stämme, die von Belgien herüberkamen, um Krieg zu führen und Beute zu

34 Caesar, *Gallischer Krieg* 5,3,3.

machen. Sie tragen fast alle noch die Namen der Stämme, denen sie angehörten, als sie nach Britannien gelangten. Nach ihren Kriegszügen blieben sie dort und begannen, das Land zu bebauen. Es handelt sich um eine unübersehbar große Zahl von Menschen. Ihre überaus zahlreichen Gehöfte sehen in der Regel den gallischen sehr ähnlich. Ihr Besitz an Vieh ist beträchtlich. Als Währung benutzen sie Kupfer- und Goldmünzen oder stattdessen Eisenbarren, die ein bestimmtes Gewicht haben. Im Landesinnern gibt es Zinn, in den Küstenregionen Eisen, das aber nur in geringen Mengen vorkommt. Das Kupfer, das sie benutzen, wird importiert.[35]

Hierauf folgt eine Lagebestimmung und Beschreibung der Insel. Dann schildert Caesar die Ehesitten der Briten: »Sie haben je zehn oder auch zwölf Frauen gemeinsam, vor allem unter Brüdern, aber auch unter Vätern und Söhnen. Wenn eine Frau ein Kind zur Welt bringt, gilt dieses als Kind desjenigen, dem die Mutter als Jungfrau zugeführt wurde.«[36]

Caesars Interesse an den Ländern und Menschen, mit denen er in Berührung kommt, geht weit über das unmittelbar der Kriegführung Dienende hinaus. Mitunter veranlasst ihn dieses Interesse zu ausgedehnten Abschweifungen ethnographischer Natur. Bemerkenswert ist etwa die obige Erwähnung von Eisenbarren als Zahlungsmittel, die eine entfernte Parallele in den – laut der Tradition unter König Servius Tullius in Rom eingeführten – Kupferbarren

35 Caesar, *Gallischer Krieg* 5,12,1–5.
36 Caesar, *Gallischer Krieg* 5,14,4–5.

(*aes signatum*) besitzen. Caesars sehr genaue Darstellung der von den Briten praktizierten Frauengemeinschaft lässt an die Arbeitsweise neuzeitlicher Ethnologen in der Feldforschung denken, etwa an die Untersuchungen Malinowskis zu den Ehesitten der Bewohner der Trobriand-Inseln im Pazifik oder Claude Lévi-Strauss' Feldforschung bei den Nambikwara im Amazonasgebiet.

Dennoch führt in den *Commentarii* letztendlich stets der Feldherr die Feder. Das fünfte Buch fährt mit der Schilderung des wechselvollen Kriegsgeschehens in Britannien fort, an dessen Ende Cassivellaunus' Kapitulation steht. Die Briten müssen eine festgesetzte Anzahl Geiseln stellen und einen jährlichen Tribut an das römische Volk entrichten; damit endet das Jahr 54. So erfolgreich das Jahr für Caesar in militärischer Hinsicht verlaufen war, privat bescherte es ihm einen schweren Verlust. Im fernen Rom war hochbetagt seine Mutter Aurelia gestorben.

Der Vertrag von Luca

Clodius' Tribunat und Ciceros Exil

Vier Jahrhunderte nach Caesar sollte ein anderer römischer Herrscher und Feldherr, der ebenfalls als Schriftsteller in die Geschichte eingegangen ist, der spätere Kaiser Iulian Apostata, sich mit germanischen Angriffen auf ein seit langem vollständig romanisiertes Gallien konfrontiert sehen. Die Schriften des letzten heidnischen Kaisers lassen eine große Sympathie für die Einwohner der gallischen Provinzen erkennen. Im kleinasiatischen Antiochia – einer Stadt, die Iulian zutiefst verachtete – ruft dieser sich das geliebte Lutetia (Paris) in Erinnerung und gedenkt geradezu verklärend der in ihrer Schlichtheit unverfälschten Gallier. Und wie Iulian als römischer Oberkommandierender in Gallien stets ein wachsames Auge auf die Intrigen am Hof Kaiser Constantius' II. im fernen Konstantinopel haben musste, so verlor auch Caesar die zusehends verwickelter werdende politische Situation in Rom nie aus dem Blick. Beinahe täglich wurden dort neue, brüchige Allianzen geschmiedet, und Caesars Gegner blieben nicht untätig. Gleichzeitig kam es zu einer schleichenden Wiederannäherung des Pompeius an die Optimaten. Grund waren die Ereignisse des Jahres 58, die Pompeius zutiefst beunruhigt hatten: die destruktive Tätigkeit des Clodius im Amt des Volkstribuns und seine Vertreibung Ciceros ins Exil.

Als Volkstribun des Jahres 58 hatte Publius Clodius mit der Unterstützung des amtierenden Konsuls Calpurnius Piso Caesoninus, Caesars Schwiegervater, vier den Interessen der Popularen dienende Gesetze eingebracht. Eines davon zielte auf die Wiederzulassung der sogenannten *collegia*. Aus diesen offiziell als Berufsvereinigungen auftretenden Zusammenschlüssen rekrutierte Clodius schlagkräftige Formationen von Plebejern der Unterschichten für den Straßenkampf gegen die Klientenbanden, die Optimaten in weiten Teilen der Stadt unterhielten. Die einzelnen Verbände standen unter dem Befehl von Bezirksvorstehern, sogenannten *vicomagistri*. Wann immer sich die Notwendigkeit ergab, zogen diese an der Spitze ihrer Leute durch die Straßen Roms und riefen das einfache Volk zusammen. Zu einem ersten Großeinsatz der *collegia* kam es 58 anlässlich der Feiern der Compitalia, eines Nachbarschaftsfests der kleinen Leute in ihren jeweiligen Stadtteilen. Bei diesem Fest hatte es Cloelius, einer von Clodius' Hauptgefolgsleuten, gewagt, obschon einfacher Plebejer, in der *toga praetexta* der hohen Beamten aufzutreten und Zirkusspiele für das in großen Massen in der Stadt zusammengeströmte einfache Volk zu geben.

Auch bei den Megalensien des Jahres 56 – den öffentlichen Spielen zu Ehren der Großen Mutter, eines im kleinasiatischen Pessinus beheimateten Kultes, den die Römer 204 v. Chr. in ihrer Stadt eingeführt hatten – sorgten Clodius' Banden für Unruhe. Als plebejischer Ädil trug Clodius zusätzlich zu einer Verschärfung der Lage bei, indem er die einfachen Leute aus allen Vierteln der Stadt auf dem Palatin zusammenrufen ließ, um den Feierlichkeiten im dortigen Tempel der Göttin beizuwohnen. Die Menge aus den Armeleutevierteln strömte begierig herbei. Wie Cicero schreibt, handelte es sich dabei vor allem um Sklaven, deren unwürdiger Andrang aus den Festlichkeiten beinahe eine Trauerfeier gemacht habe. Diese Entweihung der Spiele habe den Zorn der Großen Mutter erregt, schließlich hätten sich sogar unheilbedeutende Vorzeichen eingestellt, die den Bruch des Götterfriedens ankündigten.[37]

Ciceros Vorbehalte kamen nicht von ungefähr; schließlich war es Clodius gewesen, der wesentlichen Anteil daran gehabt hatte, ihn zwei Jahre zuvor ins Exil zu treiben. Clodius hatte ein Gesetz eingebracht, das jeden ächtete, der einen römischen Bürger ohne Prozess aburteilte, womit er eindeutig auf die Hinrichtung der Anhänger Catilinas zielte, die Cicero als Konsul des Jahres 63 verfügt hatte. Dieser sah sich daraufhin gezwungen, Rom zu verlassen und freiwillig ins Exil zu gehen, zunächst nach Thessalonike, dann nach Dyrrhachium (Durrës) in Illyricum. Allerdings währte dieses Exil kaum anderthalb Jahre, und schon im Jahr 57 konnte Cicero nach Italien zurückkehren. Wieder in Rom, musste er zunächst einen Prozess um die Besitzrechte an seinem römischen Anwesen führen. Clodius hatte es zwischenzeitlich beschlagnahmen lassen, um auf dem Grundstück – politische Positionsbestimmung und ironischer Seitenhieb zugleich – einen Tempel der Freiheitsgöttin Libertas zu errichten. Da es sich bei dem Gebäude um eine Kultstätte handelte, konnte nur das Priesterkollegium der römischen *pontifices* die Sache entscheiden. Vor diesem Gremium trug Cicero seine *Rede über das eigene Haus* vor und bekam sein Anwesen schließlich auch wieder zugesprochen. Doch das Exil war an dem ehemaligen Konsul nicht spurlos vorübergegangen. Im Jahr 56 hielt Cicero, bereits in vorgerücktem Alter, eine Rede, die ihm von

37 Vgl. Cicero, *Über das Gutachten der Opferbeschauer* 22–24.

vielen seiner Senatorenkollegen aus den Reihen der Optimaten als Schwenk in das Lager Caesars ausgelegt wurde. In dieser *Rede über die konsularischen Provinzen* plädiert Cicero gegen die herrschende Meinung unter den Optimaten für die erneute Vergabe des Oberbefehls in Gallien an Caesar.

Der Pakt der Mächtigen

Um die unübersichtliche politische Situation in Rom unter Kontrolle zu bekommen, trafen sich Caesar, Pompeius und Crassus im oberitalischen Luca. Jérôme Carcopino hat das Treiben in der kleinen etrurischen Stadt so beschrieben:

> Caesar erschien in Begleitung von Crassus, des Proprätors von Sardinien Appius Claudius, des Prokonsuls von Spanien Quintus Metellus Nepos und eines ganzen Hofstaats von Magistraten und Promagistraten mitsamt den dazugehörigen 120 Liktoren, die ihre Rutenbündel durch die Straßen der Provinzstadt trugen, die gar nicht wusste, woher so viel Ehre und wohin mit so vielen Besuchern. Für einige Tage wurde das kleine Luca zum Nabel der Welt, einer Welt, die untereinander aufzuteilen die Triumvirn in wiedererlangter Eintracht sich anschickten.[38]

Tatsächlich fanden Caesar, Pompeius und Crassus zu einer Einigung, die, zumindest nach außen, Einmütigkeit zwischen den drei Potentaten demonstrierte. Pompeius und

38 J. Carcopino, *Giulio Cesare*, Mailand 2000, S. 296 f.

Crassus sollten im nächsten Jahr das Konsulat übernehmen; in dieser Funktion hatten sie dafür zu sorgen, dass Caesars prokonsularischer Oberbefehl in Gallien gegen den Widerstand des Senats noch einmal erneuert würde. Nach Ablauf der Amtszeit sollte Pompeius Spanien und Crassus Syrien als prokonsularische Provinzen erhalten; von dort aus plante letzterer, zu einem Feldzug gegen die Parther aufzubrechen. Crassus, der vor allem für seinen Reichtum bekannt war und in militärischer Hinsicht lediglich – wie schon erzählt – auf die Niederschlagung des Sklavenaufstandes unter Spartacus verweisen konnte, wollte es den beiden großen Feldherren gleichtun, mit denen er im Bunde war. Nachdem er dann aber von Syrien aus in das Partherreich einmarschiert war, kam er in der Schlacht bei Carrhae 53 v. Chr. ums Leben. Crassus hatte sich von der Rückzugstaktik der Gegner täuschen lassen: Zunächst wichen die Parther vor der römischen Infanterie zurück, um sie anschließend mit ihrer schlagkräftigen Reiterei von den Flanken her anzugreifen und aufzureiben. Die römischen Feldzeichen, die den Parthern bei Carrhae in die Hände fielen, konnten erst Jahrzehnte später – unter der Herrschaft des Augustus – zurückgewonnen werden. Es war Augustus' Enkel und Adoptivsohn Gaius Caesar, der in den Osten aufbrach und die Verhandlungen führte. Das Partherreich blieb über Jahrhunderte einer der mächtigsten und gefährlichsten Feinde des Imperium Romanum.

Die Fortsetzung des Gallischen Krieges

Erhebung der Gallier

Gallien schien befriedet, doch dieser Schein trog. Es kam zu neuen Aufständen. Wieder waren es die Treverer, die zu den Waffen griffen, und wie in der Vergangenheit riefen sie germanische Stämme zur Unterstützung. Bald erfuhr Caesar, dass auch die Nervier, Menapier und Atuatucer sich dem Aufstand angeschlossen hatten. Auch die Senonen, bisher treue Verbündete Roms, leisteten seinen Aufforderungen keine Folge mehr. Unterdessen schickten die Treverer immer neue Gesandtschaften über den Rhein, um germanische Unterstützung zu erhalten. Senonen, Carnuten und Treverer waren nicht zu der wie gewöhnlich für das Frühjahr einberufenen Stammesversammlung erschienen. Caesar war sich im klaren, dass dies einen neuen Krieg bedeutete, und er setzte seine Truppen gegen die Senonen in Marsch. Diese suchten daraufhin durch Vermittlung der Haeduer bei Caesar um Verzeihung nach und trugen ihre Rechtfertigungsgründe vor. Währenddessen kämpften Caesars Truppen mit aller Kraft gegen Treverer und Eburonen. Der Anzahl wie der Kampfkraft nach waren die Treverer der stärkste Gegner. Dass sie Germanen um Hilfe ersucht hatten, machte die Lage noch gefährlicher. Deshalb beschloss Caesar, den Rhein zu überschreiten und die Germanen wegen ihrer Unterstützung der aufständischen Gallier zu bestrafen, auch um zu verhindern, dass deren Anführer, der Eburonenkönig Ambiorix, Zuflucht auf germanischem Territorium fand. Schließlich wurden die Treverer, vor allem durch den Einsatz der Reiterei unter

Caesars Legat Labienus, geschlagen. Auch Ambiorix und die Eburonen, die im Vertrauen auf germanische Unterstützung ebenfalls in den Krieg gegen die Römer eingetreten waren, konnten nach langen und blutigen Auseinandersetzungen besiegt werden.

Der Aufstand unter Vercingetorix

Wieder schien Gallien befriedet, doch es dauerte nicht lang, bis sich die Gallier erneut gegen die römische Besatzung erhoben. Auch dieses Mal wurden Germanen von jenseits des Rheins zu Hilfe gerufen. Die Führung des Aufstandes lag bei Vercingetorix. Der Arvernerkönig wurde im 19. Jahrhundert von französischen Historikern wie Camille Jullian als »Nationalheld« des gallisch-germanischen Unabhängigkeitsstrebens gefeiert. Caesar bescheinigt dem Gallierführer seinerseits Skrupellosigkeit im Kampf um seine Ziele, habe er doch anfangs die Armen und Gesetzesbrecher auf dem Land in Sold genommen. Auch die Haeduer, die vormals die Römer um Hilfe ersucht hatten, gingen zum Feind über und schlossen sich den Arvernern an. Daraufhin belagerten Caesars Truppen Gergovia, die Hauptstadt der Arverner, mussten aber nach mehreren vergeblichen Erstürmungsversuchen das Feld räumen.

Im Verlauf des wechselvollen Krieges, dessen Geschehnisse hier nicht im einzelnen verfolgt werden können, lieferte sich Vercingetorix, von Caesar provoziert, zahllose Gefechte mit den Römern. Der Kampf konzentrierte sich auf die befestigten Siedlungsplätze der verschiedenen gallischen Stämme. Die Schilderung, die Caesar von der Erstürmung Avaricums bereithält, scheint Luciano Canfora

Abb. 3: Münze mit dem Bildnis des Vercingetorix; links neben ihm: ein gallischer Schild. L. Hostilius Saserna ließ die Münze zur Zeit von Vercingetorix' Gefangenschaft in Rom prägen, damit Caesars Leistungen in Gallien hervorhebend.

recht zu geben, wenn er die *Commentarii* als »Schwarzbuch« des Gallischen Krieges bezeichnet: Als die Bituriger, deren Hauptort Avaricum war, gegen Vercingetorix' Drängen die Stadt verteidigten, kam es zu einem Blutbad. Die römischen Soldaten, so Caesar ungerührt, waren durch die anstrengende Belagerungsarbeit »so erregt, dass sie nicht einmal Greise, Frauen und Kinder schonten. Von der ganzen Bevölkerung, deren Zahl etwa 40 000 betragen hatte, konnten am Ende kaum 800, die beim ersten Kampfeslärm aus der Stadt geflohen waren, unversehrt zu Vercingetorix entkommen«.[39] Ein beklemmendes Zeugnis für die Grausamkeit, mit der die römischen Eroberungskriege in Gallien geführt wurden.

Nach zahllosen Gefechten zog sich Vercingetorix schließlich in das befestigte Alesia zurück. Obschon auf einer Versammlung gallischer Stammesführer fast einmütig beschlossen wurde, Truppenkontingente zur Unterstüt-

39 Caesar, *Gallischer Krieg* 7,28,4 f.

zung des belagerten Arvernerkönigs zu entsenden, und dies auch geschah, zog sich die Belagerung Alesias durch Caesars Truppen wochenlang hin.

Nachdem sich der Abwehrkampf gegen die römischen Belagerer als aussichtslos erwiesen hatte, gab Vercingetorix auf und wurde, wie Caesar nüchtern zu Protokoll gibt, von den Galliern »ausgeliefert«. Keine Spur von jenem Pathos, mit dem später Cassius Dio die Kapitulation des Arvernerfürsten schildert:

> Als nun Ruhe eingetreten war, blieb Vercingetorix stumm, fiel auf die Knie und flehte mit gefalteten Händen. Dies erfüllte in Erinnerung an sein einstiges Glück und angesichts des augenblicklichen Jammerbildes viele Zuschauer mit Mitleid, doch Caesar machte ihm gerade das zum Vorwurf, wodurch er sich vor allem Begnadigung erwartet hatte; denn indem er der einstigen Freundschaft die jüngste Feindschaft gegenüberstellte, erklärte er sein Verbrechen für noch schwerwiegender. So begnadigte er Vercingetorix nicht einmal in diesem Augenblick, sondern ließ ihn alsbald in Fesseln legen, späterhin zu einem Triumph entsenden und töten.[40]

Es handelt sich um den vierfachen Triumph, den Caesar im Jahr 46 in Rom abhielt. Vercingetorix hatte man sechs Jahre lang im Mamertinischen Kerker auf dem Forum Romanum gefangen gehalten, wahrscheinlich wurde er erdrosselt.

40 Cassius Dio, *Römische Geschichte* 40,41,2 f.

Der kalte Herbst der Republik

Tod Iulias und Ermordung des Clodius

Im Jahr 54 starb Caesars einzige Tochter Iulia, die einige Jahre zuvor mit dem sehr viel älteren Pompeius verheiratet worden war, um den Pakt des »ersten Triumvirats« zu besiegeln. Iulia starb bei einer Frühgeburt, auch das Neugeborene überlebte nicht. Sowohl für ihren Gatten Pompeius als auch für Caesar bedeutete Iulias Tod einen schweren persönlichen Verlust. Bald kam es anlässlich der Frage des Begräbnisses zwischen dem Witwer in Rom und dem Vater im fernen Gallien zu ersten Spannungen. Pompeius wollte Iulia auf seinem Landgut in Alba beisetzen lassen. Dort hatten die beiden, trotz des Altersunterschiedes einander offenbar sehr zugetan, glückliche Stunden verlebt. Caesar jedoch verlangte einen Bestattungsort, der dem gesellschaftlichen Rang der Verstorbenen entsprach. Das Volk, wohl von Clodius aufgestachelt, forderte, wie es Caesars Wünschen entsprach, lautstark die Beisetzung Iulias in einem eigens geweihten Areal auf dem Marsfeld.

Publius Clodius, Caesars Gefolgs- und Mittelsmann mit den glänzenden Verbindungen zur römischen Unterschicht, kam 52, während der Feldherr sich noch im diesseitigen Gallien aufhielt, ums Leben. Er wurde das Opfer eines Anschlags seines von den Optimaten bezahlten Widersachers Milo, dessen Schläger Clodius auf der Via Appia auflauerten, als er auf dem Weg nach Lavinium in einem Gasthof Rast machte. Als der Leichnam im Atrium von Clodius' Haus in Rom aufgebahrt wurde, strömte eine große Menschenmenge zusammen, Angehörige der Unterschichten, darunter viele Sklaven, zu Lebzeiten Anhänger des großen Agitators. Die Witwe Fulvia wies ausgiebig auf die Wunden ihres toten Mannes hin. Als die Begräbniszeremonie beginnen sollte, bemächtigte sich das Volk, angestachelt von den Tribunen, der Leiche, zog zum Forum und legte den Ermordeten auf der dort stehenden Rednerbühne, den Rostra, nieder. Man hatte den Toten nicht einmal waschen und für die Leichenfeier herrichten lassen – eine Erklärung für dieses eigentlich unerklärliche Verhalten, vor allem Fulvias, Clodius' Witwe, gibt Asconius Pedianus. In seinem in der ersten Hälfte des 1. Jh.s n. Chr. abgefassten Kommentar zu Ciceros *Rede für Milo* schreibt er, man habe den Leichnam »blutbefleckt, nackt und entstellt, wie er war«, zu den Rostra gebracht, »damit alle die Wunden sehen konnten, die Clodius empfangen hatte«.[41]

Der Anblick der Wunden weckte, ganz wie beabsichtigt, im Volk das Verlangen nach Rache. Die Volkstribunen nutzten die Leichenfeier naturgemäß, um die Menge gegen Milo aufzustacheln, der für Clodius' Tod verantwortlich war. Nachdem die Tribunen gesprochen hatten, trug die Menge, angeführt von Clodius' Gefolgsmann Cloelius, ihren toten Helden in die Kurie, schichtete Bänke, Tische und Schriftrollen auf, legte Clodius' Leichnam darauf und zündete den improvisierten Scheiterhaufen an. Clodius wurde als Märtyrer des Volkes an Ort und Stelle eingeäschert – ein schwerer Verstoß gegen das bereits im Zwölftafelgesetz um 450 v. Chr. festgeschriebene Verbot

41 Asconius Pedianus 28.

der Leichenbestattung innerhalb der römischen Stadtmauern.

Für die Optimaten und für Pompeius bedeutete Clodius' Tod trotz allem eine große Erleichterung. Endlich konnten sie, zumindest in Rom selbst, frei schalten und walten, ohne mit Widerstand auf der Straße rechnen zu müssen. Am 2. Januar des Jahres 52 trat der Senat in einem Tempel auf dem Palatin zusammen und erließ ein *senatus consultum ultimum*, in dem – da es noch keine Konsuln gab – der *interrex* (ein Übergangsbeamter für wenige Tage zur Abhaltung der Konsulwahlen) Lepidus, die Tribunen und Pompeius angewiesen wurden, die öffentliche Ordnung wiederherzustellen.

Milo kam vor Gericht, und Cicero übernahm seine Verteidigung. Noch vor Beendigung des Prozesses setzte der Angeklagte sich – wie Cicero im Jahr 58 – aus Rom ab und ging nach Massilia (Marseille), wo ihn ein ruhiges und sorgenfreies Exil erwartete. Milo, der sich in der Wahl seiner Mittel wenig von seinem Gegenspieler Clodius auf Seiten der Popularen unterschied, hatte als Anführer von Schlägertrupps im Auftrag der Optimaten genug Geld gemacht, um sich in der alten griechischen Kolonie am Mittelmeer ein Leben in Luxus leisten zu können.

Neue Abkommen zwischen Caesar und Pompeius

Noch vor Ende des Jahres 53 trafen Caesar und Pompeius an der Grenze zwischen Italien und der Provinz Gallia cisalpina, in der Hafenstadt Ravenna, erneut zusammen. Um Pompeius an sich zu binden, schlug Caesar den Abschluss neuer Eheallianzen vor. Pompeius sollte Caesars

Nichte Octavia zur Frau nehmen (auch wenn diese dafür die Verlobung mit dem aus altadligem Hause stammenden Gaius Claudius Marcellus hätte lösen müssen); im Gegenzug sollte Pompeius' Tochter sich von Faustus Sulla scheiden lassen, um Caesar zu heiraten, der sich seinerseits von Calpurnia trennen würde. Doch aus all dem wurde nichts, denn Pompeius ehelichte kurz darauf Cornelia, die Tochter des Metellus Scipio und obendrein Witwe des steinreichen, auf dem Partherfeldzug umgekommenen Crassus. Damit konnte Pompeius auch auf politischer Ebene einen Erfolg verbuchen, denn er selbst füllte nun das Vakuum, das Crassus' Tod in dem seit dem Jahr 60 bestehenden Bündnis der Mächtigen hinterlassen hatte.

Rechtzeitig zur Konsulatswahl für das folgende Jahr trafen Caesar und Pompeius am Senat vorbei eine Geheimabsprache, die Caesar die ungehinderte Fortsetzung des Gallienfeldzugs zusicherte, während Pompeius durch den Senat zum allein amtierenden Konsul (*consul sine collega*) bestimmt werden sollte. Pompeius befand sich damit auf dem Höhepunkt seiner Macht. Schon im Jahr 53 hatte er dafür gesorgt, einen Senatsbeschluss zur Vergabe der Provinzen an die Promagistrate zum Gesetz auszubauen, das während seines Konsulats 52 verabschiedet wurde. Dieses sah vor, dass, wer in der römischen Ämterhierarchie eine Funktion innegehabt hatte, nicht vor Ablauf von fünf Jahren nach dem Ende seines Mandats einen Posten in einer Provinz antreten, mit anderen Worten Statthalter werden durfte. Damit konnte Pompeius einen wichtigen Erfolg erzielen, während Caesars Position für die Zukunft – wenn er auch ein neues Konsulat erreichte – durch diese Regelung geschwächt wurde. Obschon Pompeius weiterhin in Rom residierte, verlängerte der Senat zur allgemeinen Verwunderung und zur großen Freude des Konsuls zusätzlich dessen Statthalterschaft in Spanien bis zum 1. Januar 45, praktisch also auf so gut wie unbestimmte Zeit.

Auf dem Weg zum Bürgerkrieg

Zuspitzung der Lage

In den *Commentarii de bello civili*, seiner Schrift über den Bürgerkrieg, sind der Autor und der Politiker Caesar nicht voneinander zu trennen. Bei der Abfassung der *Commentarii* war ihm sehr bewusst, dass sich ein Konflikt zwischen römischen Bürgern nicht wie ein Krieg gegen einen äußeren Feind schildern ließ. In diesem Konflikt sah Caesar sich Pompeius und dessen Verbündeten aus den Reihen der Optimaten gegenüber. Anlass des 49 ausgebrochenen Bürgerkrieges war seiner Schilderung zufolge der Streit um das Vetorecht der Volkstribunen, das der Senat gegen alle Gesetze missachtet hatte. Die Tribunen Marcus Antonius und Cassius Longinus flohen daraufhin zu Caesar in die Provinz Gallia cisalpina. Caesar schildert den Hergang wie folgt:

> In den ersten fünf Tagen also, an denen seit Lentulus' Konsulatsantritt Senatssitzungen stattfinden konnten […], waren über das Kommando Caesars, über hochstehende Männer und Volkstribunen die schärfsten und verletzendsten Entscheidungen gefallen. Die Volkstribunen flüchteten sofort aus Rom und begaben sich zu Caesar.[42]

Ein zweiter Grund war die Weigerung des optimatisch dominierten Senats, Caesars Kandidatur für das Konsulat des

42 Caesar, *Bürgerkrieg* 1,5,4 (zit. nach: Caesar, *De bello civili / Der Bürgerkrieg*, Lateinisch/Deutsch, übers. von Marieluise Deißmann, Stuttgart 1971, 2014, Universal-Bibliothek 18567).

Jahres 48 zuzulassen, solange dieser sich außerhalb von Rom befand. Der Senat forderte auf Antrag von Pompeius' Schwiegervater Quintus Metellus Scipio vielmehr, Caesar müsse nicht nur die Gallia comata (die Narbonensis und die von ihm hinzugewonnenen Regionen), sondern auch die diesseits der Alpen gelegene Gallia cisalpina abgeben, die dort stationierten Legionen auflösen und nach Rom kommen. Hier solle er sich sodann einer regulären Wahl stellen, mithin ohne die Unterstützung seiner Veteranen und damit ohne die Gewähr, als Sieger aus der Wahl hervorzugehen. Caesar sah diese Gefahr offenbar als sehr real an, denn während er selbst nicht auf die Stimmen der noch in den Provinzen weilenden ehemaligen Soldaten rechnen konnte, würden seine Gegner, die Optimaten, nicht nur ihre stadtrömische Klientel zur Wahl aufbieten, sondern auch die ihnen verpflichteten Stimmberechtigten aus den Munizipien ganz Italiens. Caesar schildert die Situation im Senat zusammenfassend mit folgenden Worten:

> Die Äußerungen des Konsuls, die Furcht, die die Anwesenheit des Heeres verbreitete, und die Drohungen der Freunde des Pompeius brachten so die meisten dazu, dass sie sich der Meinung Scipios gegen ihren Willen und unter Zwang anschlossen: Caesar solle vor einem bestimmten Termin sein Heer entlassen; wenn er das nicht tue, müsse man ihn als Hochverräter ansehen.[43]

Caesar deutete das Verhalten des Senats zu Recht als Affront gegen seine *dignitas*, seine Würde als Bürger und

43 Caesar, *Bürgerkrieg* 1,2,6.

Staatsmann. Während Scipio forderte, Caesar müsse seine Soldaten nach Hause schicken und sich nach Rom begeben, residierte Pompeius, als Prokonsul mit dem Oberbefehl über Spanien ausgestattet, vor den Toren der Stadt und ließ keinerlei Eile erkennen aufzubrechen. Als man den Prätor Lucius Roscius mit den Senatsbeschlüssen nach Ariminum (Rimini) in der Provinz Gallia cisalpina schickte, erhielt dieser von Caesar zur Antwort:

> Dennoch sei er aus Rücksicht auf den Staat bereit, die größten Zugeständnisse zu machen und alles hinzunehmen. Pompeius solle in seine Provinzen aufbrechen, sie beide sollten ihre Heere entlassen und in Italien sollten alle die Waffen niederlegen. Die Bürger sollten von der Angst befreit werden, und man solle Volk und Senat von Rom die Möglichkeit zu freien Wahlen und ungehinderter Ausübung der Regierung geben. Um die Durchführung dieser Maßnahmen zu erleichtern, sie zudem nach festgelegten Bedingungen zu regeln und durch einen Eid abzusichern, möge Pompeius ihm entgegenkommen oder gestatten, dass er zu ihm komme. In mündlichen Verhandlungen würden dann sicher alle Streitigkeiten beigelegt.[44]

Die Überschreitung des Rubikon

Mehr als einmal bot Caesar eigenem Bekunden zufolge seinem Widersacher Pompeius das Gespräch an. Noch kurz vor der Schlacht von Pharsalos erneuerte er dieses Ange-

44 Caesar, *Bürgerkrieg* 1,9,5 f.

bot, wurde aber jedesmal zurückgewiesen, sei es, weil Pompeius zu stolz oder, weil er sich seiner Erfolge als Feldherr allzu sicher war. Zwischen den beiden einst Verbündeten spielte sich eine *contentio dignitatis* ab, ein für die Endzeit der Republik typischer Streit unter römischen Staatsmännern, in dem es um die Behauptung der eigenen Würde ging. Dieser Begriff muss hier als Ausdruck eines komplexen Wertesystems verstanden werden; den Kontrahenten ging es um die Verteidigung des eigenen Ansehens und Ranges, verbunden mit der Erringung einer politischen Machtposition und der daraus folgenden Privilegien.

Angesichts von Pompeius' Verzögerungstaktik überschritt Caesar mit den Legionen, die unter seinem Kommando in Gallien gekämpft hatten, in der Nacht des 12. Januar den Bach Rubico (griech. Rubikon), der die Provinz Gallia cisalpina von Italien trennte. Zur Rechtfertigung für den bewaffneten Einmarsch in Italien führt Caesar die Bedrohung der eignen *dignitas* sowie die Verletzung der tribunizischen Rechte durch den Senat an. Caesars Schritt wog schwer, umso mehr, als er einem noch fragwürdigeren Vorbild folgte: Sulla hatte sich zweimal nicht gescheut, seine Soldaten bis zur Stadt zu führen und sich 82 dort eine Schlacht mit den Marianern zu liefern.

Caesar besetzte unverzüglich die südlich von Ariminum an der adriatischen Küste gelegenen Städte Pisaurum (Pesaro), Ancona, Fanum (Fano) und Auximum (Osimo). Gleichzeitig gab er Antonius den Befehl, das etrurische Arretium (Arezzo) in seine Gewalt zu bringen. Gerade die Einnahme der picenischen Städte war für Caesar überaus wichtig. Im Bundesgenossenkrieg hatte dort Pompeius

Strabo erfolgreich gekämpft, und die Region an der Adria südlich von Ancona galt seitdem als Klientel zunächst Strabos, dann seines Sohnes Pompeius des Großen. Wenn es Caesar nun gelang, die picenischen Munizipien auf seine Seite zu ziehen, bedeutete dies einen entscheidenden strategischen Erfolg, denn zu den Verpflichtungen der Klienten gehörte auch die Stellung von Bewaffneten und Proviant. Insofern nicht nur die Angehörigen der Oberschicht in den Munizipien, sondern auch die Landbevölkerung dieser Klientenpflicht unterworfen war, lag hier ein wesentlicher Faktor bei der Sicherung des Nachschubs für die Armee.

Der Bürgerkrieg

Von Rom nach Brundisium

Kaum hatte der optimatisch gesinnte Konsul Lentulus Crus erfahren, dass Caesar sich in Gewaltmärschen der Hauptstadt näherte, reiste er überstürzt ab. Sein Vorhaben, Geld aus dem Staatsschatz zu entnehmen und in das Lager des Pompeius zu schaffen, konnte er dabei nicht mehr in die Tat umsetzen; so lautet zumindest Caesars Version (wie wir noch sehen werden, geht aus anderen Quellen hervor, dass er seinerseits bei seiner ersten Etappe in der Hauptstadt einen tiefen Griff in die Staatskasse tat, um die Kriegskosten bestreiten zu können). Nach der Besetzung der Städte Corfinium und Sulmo östlich von Rom durch Caesars Truppen verließ auch Pompeius die Stadt und brachte sich nach Brundisium an der Südspitze Italiens in Sicherheit. Als die Lage auch dort schnell brenzlig zu werden begann, rettete er sich wie zuvor schon die beiden amtierenden Konsuln nach Dyrrhachium auf der anderen Seite der Adria.

Pompeius' Entscheidung, Caesar Italien fortan kampflos zu überlassen, sollte schwerwiegende Folgen für den weiteren Verlauf des Krieges haben, denn nun sahen sich seine im Land verbliebenen Anhänger der Hand des Gegners mehr oder weniger schutzlos ausgeliefert. Der Entschluss des Prokonsuls, Italien aufzugeben, mag zum Teil von der feindseligen Haltung der Einwohner der kalabrischen Hafenstadt beeinflusst worden sein – ausschlaggebend, wie Caesar in seinem Bericht nahezulegen scheint, war diese Haltung aber sicher nicht.

Nach Pompeius' Abzug konnte Caesar sich unbesorgt gen Rom wenden. In einer langen Rede vor dem Senat rechtfertigte er sein Vorgehen. Er schilderte das Unrecht, das ihm widerfahren sei, und verwies auf die Vielzahl seiner Feinde, deren Namen er nicht im einzelnen nennen müsse. Schließlich rief er die versammelten Senatoren dazu auf, »angesichts dieser Lage die Leitung des Staates zu übernehmen und die Regierungsgeschäfte gemeinsam mit ihm zu führen. Wenn die Senatoren sich dem jedoch aus Furcht entziehen wollten, so werde er sie nicht weiter belästigen und den Staat allein regieren«.[45]

Bei dieser Gelegenheit, so berichten Plutarch und Cassius Dio übereinstimmend, tat Caesar, was dem Konsul Lentulus Crus bei seiner überstürzten Flucht aus der Stadt nicht mehr gelungen war. Er entnahm dem römischen Staatsschatz, dem *aerarium sanctius*, der im Saturntempel aufbewahrt wurde, kurzerhand die Mittel zur Finanzierung seines Krieges gegen Pompeius. Damit setzte sich der amtierende Pontifex Maximus nicht nur über alle geltenden Gesetze, sondern auch über alle kultischen Vorschriften hinweg.

Es würde zu weit führen, das Kriegsgeschehen, wie es im ersten und zweiten Buch der *Commentarii de bello civili* nachzulesen ist, hier im einzelnen zu verfolgen. Auf die Eroberung Spaniens aus den Händen der drei prokonsularischen Statthalter Afranius, Petreius und Varro (letzterer einer der größten Gelehrten seiner Zeit), folgte die Belagerung und schließlich die Eroberung Massilias. Die um 600 v. Chr. von den Phokern gegründete Kolonie war

45 Caesar, *Bürgerkrieg* 1,32,7.

eine der ältesten griechischen Niederlassungen im nördlichen Mittelmeerraum und seit jeher – wie es hieß, schon seit der Zeit, da die etruskischen Könige herrschten – mit Rom verbündet. Da die Hafenstadt an drei Seiten von Wasser umgeben war, ließ Caesar sie von See her einschließen. Als die Massilier schließlich kapitulierten, gewährte der Feldherr ihnen, ganz Mann von Welt, Pardon, wie er schreibt, »jedoch mehr aufgrund des Ruhmes und des Alters ihrer Stadt als wegen der Verdienste, die sie sich um ihn erworben hatten«.[46] Im zweiten Teil des zweiten Buches von *De bello civili* schildert Caesar, wie sein Gefolgsmann Curio sich im Kampf um die Provinz Africa gegen Publius Attius Varus schließlich geschlagen geben muss. Um nicht in die Hände des mit diesem verbündeten, für seine Grausamkeit bekannten Numiderkönigs Iuba zu fallen, sucht Caesars treuer Gefolgsmann den Tod in der Schlacht.

Auf dem Weg nach Pharsalos

Unterdessen nahm in Rom das Problem der allgemeinen Verschuldung und der steigenden Mietpreise, unter dem vor allem die ärmeren Schichten zu leiden hatten, immer größere Ausmaße an, und auch Caesar musste sich in seiner Funktion als Diktator damit beschäftigen. Vor allem aber galt es, Krieg gegen Pompeius und seine Anhänger zu führen, die in den griechischen und kleinasiatischen Provinzen Truppen und Vorräte ausgehoben hatten. Während die Pompeianer schon vorab darüber stritten, wer dem be-

46 Caesar, *Bürgerkrieg* 2,22,6.

reits totgesagten Caesar im Amt des Pontifex Maximus nachfolgen sollte, kam es zu zahlreichen Gefechten mit wechselndem Ausgang. Caesar hielt noch einmal eine Ansprache an seine Soldaten und erinnerte daran, wie sehr er diesen traurigen Krieg von Römern gegen Römer hatte vermeiden wollen; mehr als einmal habe er Pompeius Verhandlungen angeboten und sei doch stets auf taube Ohren gestoßen.

Nach ersten Kämpfen kam es schließlich bei Pharsalos zur Entscheidungsschlacht. Die Pompeianer erlitten eine vernichtende Niederlage, Pompeius musste auf dem Seeweg nach Ägypten fliehen. Doch statt der erhofften Zuflucht fand er bei der Landung von der Hand eines Römers im Dienst des ägyptischen Königs Ptolemaios XIII. den Tod. Von Cassius Dio stammt die folgende Schilderung:

> Damals nun erklärten Septimius und der Oberbefehlshaber Achillas sowie andere Männer aus dem Gefolge, sie seien gerne bereit, Pompeius aufzunehmen; so hofften sie, ihn ganz mühelos zu täuschen und in ihre Gewalt zu bringen. Sie schickten seine Abgesandten voraus, nachdem einige ihnen Mut zugesprochen hatten, und dann bestiegen die Verschwörer selbst einige kleine Boote und fuhren zu ihm. Nach vielen freundlichen Begrüßungsworten forderten sie ihn auf, er solle doch zu ihnen übersteigen, und erklärten, dass sein Schiff infolge der Größe bei dem seichten Wasser nicht anlanden könne. [...] Sobald sie in Landnähe kamen, fürchteten sie, Pompeius möchte nach einem Zusammentreffen mit Ptolemaios entweder durch den König selbst oder die Römer in seinem Gefolge oder auch gar durch die

Ägypter gerettet werden, die ihm ja besonders zugetan waren, und so ermordeten sie ihn vor der Einfahrt in den Hafen.[47]

Weder der Ausgang der Schlacht bei Pharsalos noch die Ermordung des Pompeius, so hat es den Anschein, weckten bei Caesar große Genugtuung. Asinius Pollio, der bei Pharsalos auf Seiten Caesars gekämpft hatte, berichtet, dieser habe beim Anblick der Gefallenen ausgerufen:

> »Das haben sie gewollt, in diese Zwangslage haben sie mich gebracht: Denn hätte ich meine Heere entlassen, dann wäre ich, Gaius Caesar, der Sieger in den großen Schlachten, vor Gericht gestellt und verurteilt worden.«[48]

Sie, damit waren die Optimaten gemeint, die – so Caesars Sicht der Dinge – für das gegenseitige Abschlachten römischer Bürger die alleinige Verantwortung trugen. Denn sie, die Optimaten, hatten den alternden Pompeius umgarnt und aus purem Hass gegen ihn in einen Bürgerkrieg getrieben, den er, Caesar, nicht gewollt hatte.

47 Cassius Dio, *Römische Geschichte* 42,4,1–4.
48 Plutarch, *Caesar* 46.

Von der Diktatur zum Diktator auf Lebenszeit

Caesars politische Pläne

Seit Eduard Meyers bis heute grundlegendem, überaus lesenswertem Buch *Caesars Monarchie und das Prinzipat des Pompeius* kommt, wer sich mit Caesar beschäftigt, nicht umhin, die Frage nach dessen politischen Zukunftsplänen zu stellen. Strebte der Diktator zum Zeitpunkt seiner Ermordung tatsächlich die Alleinherrschaft an? Und falls dem so war, um welche Art Herrschaft sollte es sich dabei handeln? Um eine Monarchie nach hellenistischem Muster, mit einem Autokraten, dem die Untertanen in allem unterworfen waren wie in den Diadochenreichen des hellenistischen Ostens? Oder um ein Königtum paternalistischer Prägung nach altrömischem Vorbild, mit einem Herrscher, der sich als oberster Sachwalter der Belange seiner Untertanen verstand?

Unmittelbar im Anschluss an seine Rückkehr nach Rom im Jahr 49 wurde Caesar zum *dictator rei publicae constituendae* gewählt, zum Diktator »zur Neuordnung des Staates«, ein Titel, der Vergleiche zu Sullas Diktatur von 82 geradezu aufdrängte. Caesar widmete sich seiner Aufgabe mit allen Kräften. Nach dem Ende des Bürgerkrieges und dem Sieg über seine Gegner stellte nun der Antagonismus zwischen Senat und Volk die größte politische Herausforderung dar. In den Kriegsjahren hatten die einfachen Römer Hunger gelitten, und es kam zu Unruhen, die Antonius 47 unter Einsatz des Militärs niederschlagen ließ, wie Cassius Dio schildert:

> [Der Volkstribun] Dolabella, ohne Hoffnung, jemals von Caesar begnadigt zu werden, wollte erst nach irgendeiner Schreckenstat den Tod finden, um sich so einen Namen für alle Zeiten zu sichern [...]. Dies war auch für Dolabella der Beweggrund, dass er nicht nur allgemein Unruhe stiftete, sondern sogar noch versprach, an irgendeinem bestimmten Tag seine Gesetze, von denen das eine die Schulden, das andere die Wohnungsmieten betraf, in Geltung zu setzen. Auf diese Ankündigung hin verbarrikadierte der Pöbel ringsum das Forum, errichtete an manchen Punkten auch noch Türme aus Holz und setzte sich in Bereitschaft, es mit jedem Gegner aufzunehmen, der ihm entgegentreten sollte. Da führte Antonius zugleich mit Tagesanbruch vom Kapitol eine starke Abteilung Soldaten herunter, zerschlug Dolabellas Tafeln mit den Gesetzestexten und ließ sodann auch noch einige der Unruhestifter unmittelbar vom Kapitol aus in die Tiefe stürzen.[49]

Antonius' Verhalten führte zu einer Abkühlung im Verhältnis zu Caesar. Dieser ließ bei seiner Rückkehr nach Rom kostenlose Getreiderationen unter der Bevölkerung verteilen und erwarb sich damit bei den römischen Plebejern den Ruf eines geradezu übermenschlichen Wohltäters. Zu einer Wiederannäherung zwischen Caesar und Antonius kam es wahrscheinlich erst im Winter 47/46, nachdem letzterer Fulvia geheiratet hatte. Diese war nicht nur Clodius' Witwe, sondern auch mit dem in Afrika gefallenen Curio vermählt gewesen, der nach Clodius' Er-

49 Cassius Dio, *Römische Geschichte* 42,32,2 f.

mordung in Rom in politischen Dingen Caesars Mann gewesen war.

Sueton hat eine solche Getreideverteilung, wie Caesar sie mehrfach vornehmen ließ, näher beschrieben:

> Die Volkszählung ließ er weder in der üblichen Art und Weise noch am gewohnten Ort durchführen, sondern straßenweise durch die Besitzer der Mietshäuser; dabei verminderte er die Zahl derer, die aus öffentlichen Mitteln Getreide erhielten, von 320 000 auf 150 000. Damit aber wegen dieser Volkszählung über kurz oder lang keine neuen Unruhen entstehen könnten, legte er fest, dass jährlich anstelle der Verstorbenen vom Prätor eine Auslosung durchgeführt wurde aus der Zahl derjenigen, die noch nicht in die Liste aufgenommen worden waren.[50]

An dieser Erhebung, bei der ausschließlich die Zahl der Empfangsberechtigten ermittelt wurde, ist vor allem bemerkenswert, dass sie mit Hilfe der Besitzer der Mietshäuser abgewickelt wurde. Da, auch aufgrund der Bürgerkriegswirren, seit Jahren keine ordnungsgemäße Volkszählung durch die Censoren mehr durchgeführt worden war, konnten nur die Eigentümer der römischen Mietskasernen (*insulae*) die tatsächliche Zahl der Bewohner angeben.

Dem Problem der allgemeinen Verschuldung begegnete Caesar mit einer für die Betroffenen im ganzen recht vorteilhaften Lösung:

50 Sueton, *Caesar* 41,3.

> Hinsichtlich der Darlehensregelung machte er die Hoffnung auf Erlass, der häufig angeregt wurde, zunichte; schließlich beschloss er, dass die Schuldner die Gläubiger nach einer Schätzung ihrer Grundstücke entschädigen sollten, und zwar entsprechend einem Marktwert, den sie vor dem Bürgerkrieg hatten. Dabei sollte von der Schuldsumme der Betrag abgezogen werden, der bar oder durch Anweisung bezahlt worden war. Aufgrund dieser Regelung ging beinahe ein Viertel der Schuldsumme verloren.[51]

Nutznießer auch dieser Regelung war vor allem die römische Unterschicht. Sueton fährt indes fort: »Sämtliche Kollegien, mit Ausnahme der in alter Zeit gegründeten, löste er auf.«[52] Caesar scheute also bei aller Volksverbundenheit nicht davor zurück, die *collegia* zu beseitigen, jene berufsständischen Vereine in den Stadtvierteln von Rom, die sein Freund und Parteigänger Clodius im Jahr 58 wieder zum Leben erweckt hatte. In den politisch unruhigen sechziger Jahren hatten sie vor allem dazu herhalten müssen, schlagkräftige Verbände von Plebejern für den Straßenkampf zusammenzutrommeln. Ziel des Diktators war es nun aber, in Rom für Ordnung zu sorgen, damit sich Tumulte wie die von Clodius' oder Milos Banden angezettelten Unruhen nicht wiederholten, die zuzeiten ein normales politisches Leben beinah unmöglich gemacht hatten: Auf dem Forum war es mehrfach zu bewaffneten Zusammenstößen gekommen, regelmäßig wurden die Volksversammlungen

51 Sueton, *Caesar* 42,2.
52 Sueton, *Caesar* 42,3.

gestört und eine geordnete Wahl der Beamten damit faktisch unmöglich gemacht.

Sehr viel nachsichtiger ging Caesar mit seinen ehemaligen Gegnern aus dem Senatorenstand um. Plutarch bemerkt hierzu:

> [...] und wenn die Römer zum Dank für Caesars bewiesene Milde der Clementia einen Tempel geweiht haben, so hatten sie wohl Grund zu einem solchen Beschluss. Denn er hatte vielen, die gegen ihn die Waffen ergriffen hatten, verziehen, hatte einige sogar in Amt und Würden eingesetzt, wie Brutus und Cassius, die beide Prätoren wurden.[53]

In Wahrheit stellte Caesar damit die bisherigen Mehrheitsverhältnisse auf den Kopf, indem er seine eigenen Anhänger zu Senatoren machte. Oft stammten diese aus dem reichen Bürgertum der italischen Städte oder auch aus der Führungsschicht der Provinzen. Caesars Gunst war es auch zu verdanken, wenn ein Mann wie Ventidius Bassus Eingang in den Senat fand. Bassus kam aus einfachsten Verhältnissen und stieg vom Maultiertreiber zum Senator auf, wurde 43 Konsul und feierte später einen Triumph über die Parther. Cassius Dio zufolge vermehrte Caesar die Zahl der Senatoren völlig wahllos und berief sogar ehemalige Legionäre und Söhne von Freigelassenen in das Gremium, dessen Mitgliederzahl auf fast 900 anschwoll. Wie vor ihm schon Sulla hoffte Caesar offenbar, durch eine Aufblähung des Gremiums den Senat nach seinem Willen

53 Plutarch, *Caesar* 57.

lenken und die Vorherrschaft der Optimaten brechen zu können.

Caesar in Ägypten

Im Oktober 48 war Caesar in Alexandria gelandet. Es heißt, er habe beim Anblick von Pompeius' einbalsamiertem Haupt geweint. Ohne auf König Ptolemaios XIII. zu warten, nahm Caesar im königlichen Palast Quartier. Als er an Land ging, ließ Caesar die Liktoren vor sich herschreiten. Er begriff schnell, dass die Alexandriner in ihm einen Feind erblickten, und ließ aus Kleinasien und den benachbarten Provinzen zwei Legionen zur Verstärkung seines Truppenkontingents nach Alexandria in Marsch setzen. Bei Ptolemaios' Rückkehr verlangte er vom König die Begleichung der Schulden, die dessen Vorgänger Ptolemaios Auletes in Rom gemacht hatte, und wies ihn an, einen Teil des Heeres zu entlassen. Überdies teilte er ihm mit, er werde, wie der verstorbene König es in seinem Testament bestimmt hatte, im Thronstreit mit Ptolemaios' Schwester vermitteln. Der junge und unerfahrene Ptolemaios hatte wohl nicht mit der bestrickenden Wirkung gerechnet, die Kleopatra auf den römischen Feldherrn ausüben würde. Von Cassius Dio stammt folgende Schilderung der Begegnung des römischen Feldherrn mit dieser:

> Sie war ja überhaupt eine Frau von einzigartiger Schönheit und damals in der Blüte ihrer Jugend besonders berückend. Auch führte sie eine sehr gepflegte Sprache und verstand es, jedermann auf gewinnende Art zu begegnen. Herrlich war es, sie anzusehen und ihr zu lauschen,

und sie konnte so jeden, selbst einen liebessatten Mann in bereits vorgerücktem Alter, sich gefügig machen. Daher fand sie es wünschenswert, Caesar zu begegnen, und setzte alle Thronansprüche auf ihre Schönheit. Sie bat nun um Audienz bei ihm und schmückte und verschönte sich, als diese ihr bewilligt wurde, auf eine Art, dass sie vor Caesar höchst majestätisch und zugleich doch höchst bemitleidenswert erscheinen musste. Nachdem sie diese Vorbereitungen getroffen hatte, betrat sie nächtlicherweile und ohne Wissen des Ptolemaios die Stadt, außerhalb derer sie sich aufgehalten hatte, und gleichzeitig auch den Königspalast.

Caesar sah sie und hörte sie einige Worte sprechen und war sofort derart gefesselt, dass er alsbald noch vor Tagesanbruch Ptolemaios zu sich entbot und eine Versöhnung der Geschwister versuchte; dabei trat er als Anwalt gerade der Frau auf, über die als Richter zu entscheiden er zuvor beansprucht hatte. Aus diesem Grunde und weil er zu seiner Überraschung die Schwester schon innerhalb des Palastes sehen musste, ward der Knabe von Zorn ergriffen, so dass er zum Volk hinauseilte und mit lauter Stimme erklärte, er werde verraten. Schließlich riss er sich das Diadem vom Haupt und warf es weg. Bei dem nun folgenden riesigen Tumult bemächtigten sich die Soldaten Caesars der Person des Fürsten, das ägyptische Volk aber verharrte in Aufruhr, sie bestürmten gleichzeitig von der Land- wie Seeseite aus den Königspalast und hätten ihn, da die Römer angesichts der bisher offensichtlich freundlichen Haltung der einheimischen Bevölkerung keine hinreichende Streitmacht zur Verfügung hatten, ohne weiteres eingenommen, wenn

Caesar nicht in Furcht vor die Leute hinausgetreten und von einem sicheren Platze aus die Erfüllung ihrer Wünsche angesagt hätte. Anschließend erschien er in einer Volksversammlung, stellte dort Ptolemaios und Kleopatra an seine Seite und verlas das Testament ihres Vaters. Darin stand, sie sollten nach ägyptischer Sitte beieinander wohnen und gemeinsam herrschen, das römische Volk aber möge die Vormundschaft über beide führen. Dann fügte er noch hinzu, dass ihm als Diktator, der alle Gewalt des Volkes besitze, zustehe, sich um die Kinder zu kümmern und die Bestimmungen ihres Vaters auszuführen. Und so verlieh er beiden das Königtum, während er der Arsinoë und dem jüngeren Ptolemaios, ihren Geschwistern, die Insel Zypern zukommen ließ.[54]

Allerdings sollte die Lage in Ägypten noch sehr viel unübersichtlicher werden. Ptolemaios' einflussreicher Eunuch Potheinos verübte einen Giftanschlag auf Caesar. Als dieser scheiterte, zettelte er im Verein mit einem weiteren königlichen Eunuchen, Ganymedes, in Alexandria einen Aufstand gegen Caesar an. Ganymedes schnitt den königlichen Palast von der Versorgung mit Süßwasser aus dem Nil ab, aber Caesar ließ seine Soldaten Brunnen graben. Während Ganymedes noch mit dem Neubau der von den Römern verbrannten Flotte beschäftigt war, erschien die von Gnaeus Domitius Calvinus in Marsch gesetzte 27. Legion vor Alexandria. Aus einem Seegefecht gingen die Römer siegreich hervor. Um dem Feind den Weg abzuschneiden, griff Caesar die Insel Pharos an, ließ sämtliche Bewoh-

54 Cassius Dio, *Römische Geschichte* 42,34,4–35,5.

ner töten und alle Häuser dem Erdboden gleichmachen. Dennoch hatten die Ägypter einen Teilsieg errungen, denn der Hafen von Alexandria befand sich Ende November 48 wieder in Ganymedes' Hand.

Die ägyptischen Verwicklungen sollten indes noch weitere Kreise ziehen. Mithridates von Pergamon, ein Klient Caesars, sammelte die Kontingente romtreuer Fürsten des hellenistischen Ostens, um die Entscheidung in Ägypten herbeizuführen. Sein wichtigster Verbündeter wurde Antipatros, der starke Mann der Politik in Judäa. Als die Armee des Mithridates nach Ägypten vorstieß, sah König Ptolemaios XIII. sich zwischen zwei Feuern. Während Ptolemaios sich auf den Weg zu seinen Truppen machte, stieß Caesar in seinem Rücken auf das Festland vor und vereinigte beide Armeen. Die Ägypter suchten um Frieden nach, doch Caesar lehnte ab. Am Tag darauf fiel Ptolemaios im Kampf. Auch wenn der ägyptische Thron frei war, machte Caesar das Land nicht zur römischen Provinz. Kleopatra wurde als Königin eingesetzt und, wie in Ägypten üblich, mit ihrem Bruder, dem einige Jahre jüngeren Ptolemaios XIV., vermählt. Selbstredend war die neue Königin längst Caesars Geliebte geworden. Sie gebar ihm später auch einen Sohn, Caesarion, und es scheint, dass Caesar sehr an ihr hing.

Im Zuge der Auseinandersetzungen des Jahres 47 kam es zu einem Brand der berühmten alexandrinischen Bibliothek, dessen Umstände bis heute nicht völlig geklärt sind. Gegründet Ende des 4. Jahrhunderts v. Chr. unter Ptolemaios I. Soter, hatte sich die Bibliothek von Alexandria zur bedeutendsten Einrichtung ihrer Art im gesamten Mittelmeerraum entwickelt. Kein Geringerer als der Dichter Kallimachos verfasste das Verzeichnis der in ihr verwahrten Bücher. Der Brand hatte immense Verluste für die antike Kultur zur Folge (und vermittels der Handschriftenüberlieferung damit auch für die Kultur des Humanismus und der Neuzeit). Zahlreiche Werke antiker Autoren gingen unwiederbringlich in Flammen auf.

Zweite Diktatur und Krieg gegen Pharnakes

Nach dem Vorbild seines expansionslüsternen Vaters Mithridates VI., König von Pontos, marschierte dessen Sohn Pharnakes 47 in Kleinarmenien ein. Dort regierte inzwischen der galatische König Deiotaros, den Pharnakes ebenso vertrieb wie den kappadokischen Herrscher Ariobarzanes III. Beim Heranrücken römischer Truppen gab der Eroberer Kappadokien sofort auf, in Pontos jedoch, dem Reich seines Vaters, ließ Pharnakes die dort ansässigen römischen Bürger umbringen und ihren Besitz einziehen. Caesar, der sich zu diesem Zeitpunkt noch bei Kleopatra in Alexandria aufhielt, schiffte sich im Mai 47 nach Antiochia in Syrien ein und rückte über Land nach Pontos vor. Nur fünf Tage nach seinem Erscheinen errang er in der Schlacht von Zela einen entscheidenden Erfolg über Pharnakes. Die Dinge entwickelten sich so rasch, dass Caesar an einen Freund in Rom schreiben konnte: »Ich kam, sah und siegte« – »*Veni, vidi, vici*«. Im Herbst 47 kehrte der Sieger nach Italien zurück, er hatte gerade das zweite Mal die Diktatur übernommen. Aus Ciceros Briefen geht hervor, dass im selben Jahr eine *lex Iulia de maiestate* erlassen wurde, die den Diktator vor den Angriffen seiner Feinde schützen sollte – die also offenbar weiterhin existierten.

Der Widerstand der Pompeianer in Spanien und Afrika

In den Jahren von 46 bis 45 sah sich Caesar mit der Aufgabe konfrontiert, den Widerstand der verbliebenen Pompeianer zu brechen, die sich in Nordafrika um Cato und in Spanien um die Söhne des Pompeius gesammelt hatten. In Afrika konnten die dorthin geflohenen römischen Senatoren nur bestehen, weil sie die Unterstützung des Numiderkönigs Iuba genossen – desselben Iuba, der in Utica römische Bürger hatte massakrieren lassen. In Utica hatte sich Pompeius' »Generalstab« zusammengefunden, und Metellus Scipio machte aus der Provinz Africa ein befestigtes Rückzugsgebiet für aristokratische Gegner des Diktators. Gemeinsam mit Cato hatte er im Lauf des Jahres 47 für eine Verstärkung der Befestigungsanlagen von Utica gesorgt; in den letzten Tagen dieses Jahres landete Caesar und bezog ein Lager bei Ruspina (Mistir). Ein Jahr voller Kämpfe brach an; fast ohne Widerstand konnte Caesar, nachdem er seine Gegner im April 46 bei Thapsos geschlagen hatte, letztlich auch Utica einnehmen. Um nicht in seine Hände zu fallen, nahm Cato sich das Leben – wahrscheinlich blieb ihm auch nicht viel anderes übrig. Dennoch hat ihm diese Tat nicht nur den Beinamen *Uticensis* eingetragen, sondern verbunden damit auch den Ruhm, er sei als Symbol der Freiheit gestorben, wie es seit damals immer wieder heißt – eine übertriebene Würdigung, bedenkt man, dass Cato unter »Freiheit« die Freiheit einer von den Optimaten kontrollierten Republik verstand.

Nach einigen Monaten Aufenthalt in Rom führte Caesar den Krieg gegen die verbliebenen Pompeianer in Spanien fort, bis auch deren Truppen am 17. März 45 in der Schlacht bei Munda vernichtend geschlagen waren.

Von der Diktatur auf Lebenszeit zu den Iden des März

Diktator auf Lebenszeit

Bei seiner Rückkehr nach Rom im Jahr 46 erhielt Caesar vom Senat die Diktatur auf einen Zeitraum von zehn Jahren übertragen, eine Ehre, wie sie niemandem vor ihm zuteilgeworden war. Zwei Jahre später sprach der Senat, der sich dabei der Unterstützung des Ritterstandes ebenso wie der römischen Plebs sicher sein konnte, eine Verlängerung der Diktatur auf Lebenszeit aus. Sämtliche Entscheidungen, ob innen- oder außenpolitischer Natur, darunter auch über die Bestellung der höheren Beamten – der Konsuln und Prätoren –, lagen von nun an bei Caesar allein und waren jedwedem Einfluss der Volksversammlung und der übrigen Comitien entzogen.

Natürlich hat man immer wieder nach Indizien gesucht, welche Pläne Caesar in den letzten Jahren vor seiner Ermordung für die Zukunft verfolgte. Im Jahr 46 hatte er bereits vier Triumphe gefeiert: für seine Siege in Gallien, in Ägypten, in Pontos und über den Numiderkönig Iuba. Im Jahr 45 feierte er einen fünften, noch glanzvolleren Triumph wegen der Siege in Spanien und damit unausgesprochen auch über die Pompeianer in Nordafrika. Bei diesen Triumphzügen wurden Bildtafeln der neueroberten Provinzen mitgetragen und Statuen von Flussgöttern: von Rhône und Rhein für Gallien, des Nils für Ägypten, schließlich ein goldenes Standbild des Okeanos, des Weltmeeres also, bis an dessen Ufer Caesar mit seinen Truppen gelangt war. Im Anschluss wurden üppige Gast-

Abb. 4: Münze aus dem Jahr 44 v. Chr. Links: Vorderseite; Bildnis Caesars mit der Legende CAESAR DICT[ator] PERPETUO (»Caesar Diktator auf Lebenszeit«). Rechts: Rückseite; der geflügelte Heroldsstab (diagonal von rechts unten nach links oben) steht für den Gott Merkur und damit für Wohlstand, das Rutenbündel (diagonal von links unten nach rechts oben) symbolisiert die Amtsgewalt, die Opferaxt (links) steht für Frömmigkeit, der Handschlag (oben) für Eintracht, die Weltkugel (rechts) für Weltherrschaft; Legende: L[ucius] BUCA.

mähler für das Volk ausgerichtet, auf dem Forum wurden fünftägige Gladiatorenspiele zum Gedächtnis an Caesars verstorbene Tochter Iulia abgehalten. Auch Caesars Geliebte Kleopatra, die mittlerweile nach Rom gekommen war, nahm wahrscheinlich zusammen mit Caesarion an den Feierlichkeiten teil und bekam dabei einen Platz eingeräumt, der ihrem Rang als Königin entsprach – wenn auch sicherlich in gebührendem Abstand zu Caesars Ehefrau Calpurnia.

Caesar legte in der Zeit als Diktator auch den Grundstein zu mehreren Bauprojekten im Herzen Roms. Die bereits begonnenen Arbeiten für ein neues Forum in unmittelbarer Nähe des Forum Romanum wurden fortgeführt. Angrenzend an dieses nach seinem Erbauer benannte *Forum Iulium* wurde ein Neubau der Kurie begonnen (vollendet unter Augustus). Ebenfalls am *Forum Iulium* ließ Caesar einen Tempel der Venus Genetrix, der Stammmutter des Geschlechts der Julier, errichten.

Just vor diesem Tempel kam es Anfang des Jahres 44 zu einem Vorfall, der für einiges Aufsehen sorgte. Als die Senatoren dort zusammenkamen, um Caesar die Senatsbeschlüsse zu verkünden, die dem Diktator eine besondere Rechtsstellung verliehen, empfing dieser sie, ohne sich von seinem Sitz zu erheben. Cassius Dio hat die Szene beschrieben:

> [Die Senatoren] näherten […] sich ihm, während er im Vorraum des Venustempels saß, und wollten ihm gemeinsam ihre Beschlüsse mitteilen; sie erledigten nämlich derartige Angelegenheiten in seiner Abwesenheit, um nicht den Eindruck zu erwecken, als handelten sie nicht freiwillig, sondern unter Zwang. Da empfing Caesar, sei es aus gottgewollter Verblendung, sei es vielleicht auch aus übermäßiger Freude, die Männer sitzend und erzürnte dadurch alle, nicht nur die Senatoren, sondern auch die übrigen noch Anwesenden in einem Maße, dass er seinen Mördern einen der besten Vorwände für ihren Anschlag lieferte.[55]

Ein solches Verhalten musste nicht nur die altgedienten Senatoren der Optimatenpartei vor den Kopf stoßen, auch

55 Cassius Dio, *Römische Geschichte* 44,8,1 f.

die von Caesar selbst neu in das Gremium aufgenommenen Mitglieder des Senats zeigten sich konsterniert. Zur Irritation trug auch der Ort bei, an dem die Szene sich zutrug. Anscheinend hatte Caesar für die Entgegennahme der Huldigung des Senats nicht zufällig den neuerbauten Tempel seiner göttlichen Stammmutter ausgewählt.

Als man ihm bei seiner Rückkehr vom Latinerfest (einer Feier in den Albaner Bergen zu Ehren des *Iuppiter Latiaris*, an der traditionell sämtliche römischen Beamten teilnahmen) wie einem König zujubelte, soll Caesar laut Sueton ablehnend reagiert haben:

> [...] als er nämlich vom Latinerfest unter ungebührlichen und beispiellosen Beifallsrufen des Volkes zurückkehrte und ein Mann aus der Menge seiner Statue einen von einer weißen Binde umwundenen Lorbeerkranz aufsetzte, ließen die Volkstribunen Epidius Marullus und Caestius Flavus die Binde von dem Kranz entfernen und den Mann abführen; darüber war er verärgert, sei es, dass der Vorschlag über seine Erhebung zum König so ungünstig beeinflusst wurde, oder dass ihm, wie er selbst sagte, der Ruhm abhanden gekommen sei, die Königswürde abgelehnt zu haben, so dass er die Volkstribunen heftig anfuhr und ihres Amtes enthob. Dennoch vermochte er nicht das üble Gerücht aus der Welt zu schaffen, er strebe nach der Königswürde, obgleich er dem Volk, das ihn als König begrüßte, entgegnete, er sei Caesar und nicht König.[56]

56 Sueton, *Caesar* 79,1 f.

Die bekannteste Episode dieser Art ereignete sich jedoch während der Luperkalien, eines uralten römischen Festes, das seit je von den beiden Priesterkollegien der *luperci Fabiani* und der *luperci Quinctiales* begangen wurde. Im Jahr 44 nahmen zu Ehren Caesars das erste Mal auch *luperci Iulii* daran teil. Plutarch schildert, wie Antonius, der in den Reihen der *luperci* an den Feiern teilnahm, Caesar die Königskrone anbot:

> Caesar saß bei diesem Fest als Zuschauer auf der Rednerbühne, auf einem goldenen Thronsessel, angetan mit den Insignien des Triumphators. Auch Antonius, der damals Konsul war, nahm an dem feierlichen Lauf teil. Als er nun auf das Forum kam und die Menge ihm respektvoll Platz machte, hielt er Caesar das Diadem entgegen, das mit einem Lorbeerkranz umwunden war. Dabei hörte man Händeklatschen, aber es war durchaus kein rauschender Beifall, sondern nur ein recht spärlicher von ein paar bestellten Leuten. Als Caesar das Diadem zurückwies, brach das gesamte Volk in Jubel aus. Noch einmal bot ihm Antonius das Diadem, wieder regte sich nur spärlicher Beifall, und als Caesar es erneut zurückwies, klatschten alle. Der Versuch war also gescheitert, und Caesar befahl, das Diadem aufs Kapitol zu bringen.[57]

Caesar ließ die Krone im Tempel des Iuppiter Optimus Maximus niederlegen, denn niemand anderem als dem Gott, so die Botschaft, stand in Rom der Königstitel zu. In-

57 Plutarch, *Caesar* 61.

teresse verdient in diesem Zusammenhang das Verhalten des Antonius. Es lässt sich auf zweierlei Weise erklären. Entweder war das Angebot des Diadems im voraus mit Caesar abgesprochen, und nur die ablehnende Reaktion der Menge hielt den Diktator davon ab, sich zum König ausrufen zu lassen. Oder, und dies ist wahrscheinlicher, Antonius handelte aus freien Stücken, sei es, um Caesar dazu zu zwingen, Farbe zu bekennen, sei es, um ihn vor dem Volk in Verlegenheit zu bringen. Bei Antonius, der für seine Überheblichkeit bekannt war, würde eine solche Inszenierung mit ihm selbst als Hauptakteur an der Spitze der *luperci Iulii* nicht überraschen. Allerdings traf diese Inszenierung bei Caesar offenbar auf mehr oder weniger brüske Ablehnung. Dennoch, der Eindruck, dass er im stillen nach der Königswürde strebte, blieb bestehen.

Große Missbilligung erregte Caesars herablassendes Verhalten gegenüber den Volkstribunen, als deren Anwalt er einst aufgetreten war, die er nun aber, in der Gestalt des Tribunen Pontius Aquila, öffentlich der Lächerlichkeit preisgab, wie Sueton überliefert:

> Diese seine Handlungsweise schien deshalb umso unerträglicher, da er selbst seine Entrüstung gezeigt habe, dass sich Pontius Aquila als einziges Mitglied des Kollegiums nicht erhoben habe, als er bei einem Triumphzug an den Sitzen der Tribunen vorbeifuhr; Caesar war so empört, dass er ausgerufen haben soll: »Dann fordere Du, Aquila, Tribun, von mir auch das Gemeinwesen zurück.« Und noch mehrere Tage danach unterließ er es nicht, irgendjemandem ein Versprechen mit der Ein-

schränkung zu geben: »Aber nur, wenn Pontius Aquila seine Erlaubnis erteilt!«[58]

Auch machten Äußerungen Caesars die Runde, Sulla habe sich, als er freiwillig die Diktatur niederlegte, wie ein politischer Analphabet verhalten, auch dies ein Hinweis auf seine eigenen autokratischen Ambitionen.

Gegen diese Indizien für ein Streben Caesars nach der Königswürde ließen sich andere, gegenteilige ins Feld führen, wie die historische Forschung zeigt. Umgekehrt ist keins von ihnen eindeutig in diesem Sinne interpretierbar, sondern sie alle sind ihrerseits umstritten: die Tatsache, dass der Diktator sich bei seiner Rückkehr vom Latinerfest die Akklamation als König verbat; seine Ablehnung der ihm von Antonius angebotenen Krone an den Luperkalien (die möglicherweise lediglich auf die negative Reaktion des Volkes zurückzuführen war), schließlich die Annahme, Caesars Äußerung über Sulla sei lediglich eine geistreiche, wenn auch reichlich unglückliche Bemerkung gewesen.

Die Verschwörung

Angesichts so widersprüchlicher Aussagen fällt ein abschließendes Urteil nicht leicht. Es sollte nicht vergessen werden, dass der Diktator, als er dem Anschlag der selbsternannten Tyrannenmörder zum Opfer fiel, kurz vor dem Aufbruch zu seinem letzten großen, innenpolitisch unumstrittenen militärischen Vorhaben stand, dem Feldzug gegen die Parther. Ein Sieg über die Parther aber, so hieß es

58 Sueton, *Caesar* 78,2.

in den Sibyllinischen Büchern, jener geheimnisumwitterten Orakelsammlung, die der altrömische König Tarquinius von der cumäischen Sibylle erworben hatte, sei nur unter einer Bedingung möglich. Dies überliefert zumindest Sueton:

> […] auf der nächsten Senatssitzung aber werde Lucius Cotta, ein Mitglied des Fünfzehnmännerkollegiums [das mit der Konsultierung der Orakelsammlung betraut war], den Vorschlag machen, Caesar zum König zu ernennen, weil bekanntlich nach Aussagen der Sibyllinischen Bücher nur ein König die Parther besiegen könne.[59]

Tatsächlich hatte Caesar nach und nach begonnen, seine Person mit den Attributen des Göttlichen zu umgeben. Er ließ seinen Geburtstag im Rahmen der Spiele zu Ehren des Apollo festlich begehen und seinen Geburtsmonat von *Quintilis* in *Iulius* umbenennen. Bei Prozessionszügen im Circus Maximus wurde ein eigener Festwagen zu seinen Ehren mitgeführt, über seinem Haus prangte ein Tempelgiebel wie an den Herrscherpalästen der hellenistischen Welt, und mit dem *flamen Caesaris* war ein eigenes Priesteramt für den Diktator eingerichtet worden. Schließlich wurden dem Diktator sogar zwei Standbilder errichtet, eines davon im Tempel der Göttin Salus. Letzteres veranlasste Cicero gegenüber seinem Freund Atticus in einem Brief aus dem Jahr 45 zu folgender Bemerkung: »Von deinem neuen Nachbarn Caesar schrieb ich dir […], mir wäre es allerdings lieber, er würde einen Tempel mit dem Gott Qui-

59 Sueton, *Caesar* 79,3.

rinus teilen als mit der Göttin Salus.«[60] Dem hochgebildeten Atticus wird der Hintersinn dieser Bemerkung nicht entgangen sein, denn Cicero spielt hier auf eine Legende an, nach der Romulus in der Kurie in Stücke gerissen wurde. Um den Volkszorn zu besänftigen, hätten die Senatoren dann die Version in Umlauf gebracht, Roms erster König sei als Gott Quirinus in den Himmel erhoben worden (eine Version, die noch in augusteischer Zeit als umstritten galt).

Offenbar war es Brutus, der als erster den Plan zu einer Verschwörung gegen den Diktator fasste. Marcus Iunius Brutus war der Sohn Servilias, Caesars ehemaliger Geliebter also, und es hieß, in Wahrheit sei Caesar selbst Brutus' leiblicher Vater gewesen. Gleichzeitig war dieser mit Porcia, der Tochter Catos, verheiratet (Porcia soll ihrem Gatten ihre Verschwiegenheit unter Beweis gestellt haben, indem sie ohne einen Laut glühende Holzspäne verschluckte). Caesar hatte Brutus mit Zeichen großer Wertschätzung bedacht. 46 verlieh er ihm die Statthalterschaft in der Gallia cisalpina und 44 die römische Stadtprätur, ein Amt, das Brutus gleichzeitig mit Gaius Cassius bekleidete. Auch Cassius gehörte zu den führenden Köpfen der Verschwörung gegen den Diktator. Ob Cicero eine Rolle bei all dem spielte und wenn ja, welche, ist unklar; wie es seine Art war, bezog er eine undurchsichtige Position und überließ anderen das Heft des Handelns.

Brutus hatte anonyme Botschaften erhalten, in denen er aufgefordert wurde, sich auf das Vorbild seines Vorfahren Iunius Brutus zu besinnen, welcher den Tyrannen

60 Cicero, *Atticusbriefe* 12,45.

Tarquinius Superbus aus Rom vertrieben hatte. Plutarch berichtet, man habe ihm Zettel zugesteckt, auf denen stand: »Du schläfst, Brutus!«, um ihn zum Handeln aufzufordern.[61]

Brutus schlossen sich sehr bald Cassius und Ligarius an. Den Epikureer Statilius und Favonius, einen passionierten Anhänger Catos des Jüngeren, ließ man außen vor, denn in einer philosophischen Debatte, bei der auch Brutus zugegen war, hatte Favonius einige Zeit zuvor die Ansicht vertreten, ein Bürgerkrieg sei verglichen mit illegitimer Alleinherrschaft als das größere Übel zu betrachten. Zum engeren Kreis der Verschwörer gehörte dagegen Decimus Brutus, ein Freund Caesars aus früheren Tagen. Die Verschwörer bauten bei ihren Plänen nicht allein auf den engeren Kreis ihrer Mitwisser, sondern auf die Vielzahl derjenigen Senatoren, die, ohne es nach außen zu erkennen zu geben, dem Diktator noch immer feindlich gesinnt waren.

Die Iden des März – Chronik eines angekündigten Todes

Der antiken Überlieferung zufolge gingen wie beim Tode vieler großer Männer auch der Ermordung Caesars unheilverkündende Zeichen voraus. Hier die entsprechenden Passagen aus Sueton, Plutarch und Cassius Dio:

> Wenige Tage vor seinem Tod erfuhr Caesar, dass die Pferdeherden, die er beim Übergang über den Rubico dem Flussgott geweiht und ohne Hüter hatte frei her-

61 Vgl. Plutarch, *Caesar* 62.

umlaufen lassen, beharrlich die Futteraufnahme verweigerten und reichlich weinten. Und als er ein Opfer darbrachte, warnte ihn der Wahrsager Spurinna, er solle sich vor einer Gefahr hüten, die nicht über die Iden des März hinaus auf sich warten ließe. Am Tage aber vor den genannten Iden verfolgten Vögel verschiedener Art von einem nahgelegenen Wald aus einen Zaunkönig, der mit einem Lorbeerzweig zur Kurie des Pompeius flog, und rissen ihn genau dort in Stücke. In der Nacht vor seiner Ermordung aber erschien es ihm, als ob er während des Schlafes zuweilen über den Wolken flöge, ein anderes Mal, er reiche Jupiter die Hand. Und seine Gattin Calpurnia träumte, der Giebel ihres Hauses stürze ein und ihr Mann werde in ihrem Schoß erdolcht; und plötzlich öffneten sich von selbst die Türen des Schlafgemachs.[62]

Caesar selber soll es erlebt haben, dass man beim Opfern das Herz des Opfertiers nicht fand. Man hielt dies für ein Unglückszeichen, denn natürlicherweise gibt es ja kein Lebewesen ohne Herz. Auch wissen viele zu berichten, ein Wahrsager habe Caesar gewarnt, er solle sich an dem Tag im Monat März, den die Römer die Iden nennen, vor einer großen Gefahr in acht nehmen. Der Tag kam, und Caesar sprach auf dem Weg zum Senat den Seher mit den spöttischen Worten an: »Nun, die Iden des März sind da!« Der andere aber antwortete gelassen: »Ja, sie sind da, aber sie sind noch nicht vorüber.« […]

Auf einmal sprangen alle Türen und Fenster des Schlafgemachs auf, und Caesar fuhr von dem Geräusch und dem

62 Sueton, *Caesar* 81,2 f.

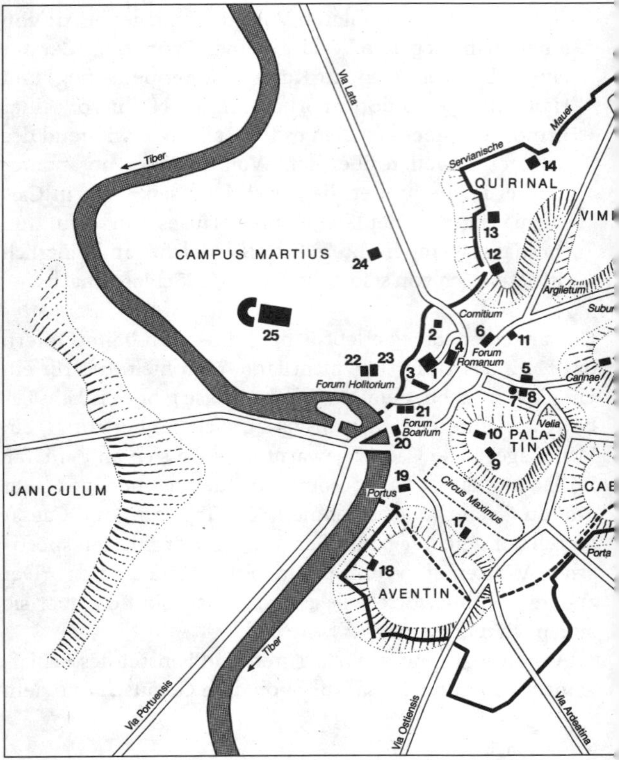

Via Lata
Tiber
Servianische
Mauer
14
QUIRINAL
VIMI
13
12
CAMPUS MARTIUS
24
Argiletum
Subur
Comitium
25
2
6
11
4
Forum
Romanum
22
23
3
1
5
Carinae
Forum Holitorium
7
8
21
Velia
Forum
Boarium
10
PALA-
TIN
20
9
JANICULUM
19
Portus
Circus Maximus
CAE
17
Porta
18
AVENTIN
Tiber
Via Portuensis
Via Ostiensis
Via Ardeatina

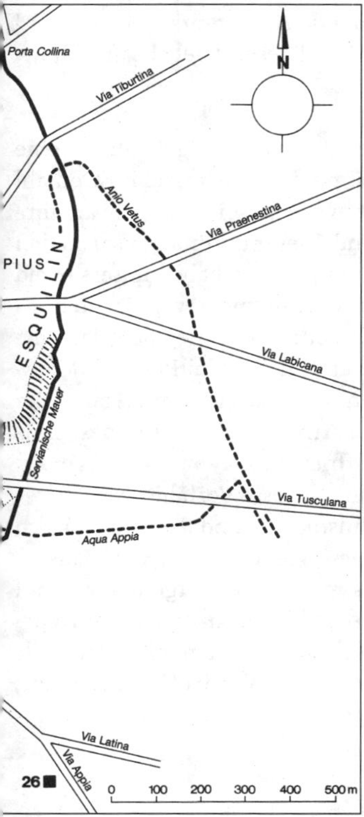

Abb. 5: Rom im 1. Jahrhundert v. Chr.

Zur Erklärung der Ziffern:
1 Tempel des Iuppiter Optimus Maximus **2** Tempel der Iuno Moneta **3** Tarpeischer Felsen **4** Tempel des Saturn **5** Regia **6** Rostra **7** Tempel der Vesta **8** Atrium Vestae
9 Hütte des Romulus
10 Lupercal **11** Ianusbogen
12 Tempel des Semo Sancus
13 Tempel der Salus
14 Tempel des Quirinus
15 Tempel der Iuno Lucina
16 Tempel der Tellus
17 Tempel des Mercur
18 Tempel der Iuno Regina
19 Tempel der Ceres
20 Tempel des Portunus
21 Tempel der Fortuna und der Mater Matuta **22** Tempel des Apollo **23** Tempel der Bellona **24** Altar des Mars **25** Theater und Porticus des Pompeius
26 Scipionengräber an der Via Appia

plötzlich hereinflutenden Mondlicht erschrocken in die Höhe. Dabei bemerkte er, dass Calpurnia fest weiterschlief, gleichzeitig aber unverständliche Worte und tiefe Seufzer ausstieß. Sie träumte, sie hielte ihren ermordeten Gemahl in den Armen und beweinte ihn. Andere erzählen den Traum Calpurnias etwas anders: An Caesars Haus war [...] ein Giebel angebracht worden. Diesen Giebel sah Calpurnia nun abgebrochen.[63]

> [...] in der Nacht vor seiner Ermordung träumte seine Frau, dass ihr Haus in Trümmer gefallen und ihr Gemahl von einigen verwundet worden sei und sich an ihre Brust geflüchtet habe. Und Caesar träumte, er sei zu den Wolken emporgehoben worden und habe Jupiters Hand ergriffen. Außerdem wurden ihm nicht wenige oder unbedeutende Vorzeichen zuteil: Die Waffen des Mars, die damals nach Vätersitte bei ihm als dem Pontifex Maximus niedergelegt waren, verursachten im Laufe der Nacht einen gewaltigen Lärm, und die Türen des Zimmers, in dem er schlief, öffneten sich von selbst. Weiterhin fielen die Opfer, die er ob dieser Vorfälle veranstaltete, ganz und gar nicht günstig aus, und die Vögel, durch die er sich prophezeien ließ, verboten ihm, das Haus zu verlassen. Auch das, was mit seinem vergoldeten Stuhl geschah, erschien einigen, jedenfalls nach seiner Ermordung, unheilverkündend; denn der Diener hatte ihn, als sich Caesars Ankunft verzögerte, aus der Kurie entfernt, in der Meinung, man benötige ihn nicht mehr.[64]

63 Plutarch, *Caesar* 63.

64 Cassius Dio, *Römische Geschichte* 44,17,1–3.

Abb. 6: Von L. Plaetorius Cestius für den Caesar-Mörder Marcus Iunius Brutus 43/42 v. Chr. geprägte Münze. Links: Vorderseite; Bildnis des Brutus mit der Legende BRUT[us] IMP[erator] L[ucius] PLAET[orius] CEST[ius]. Rückseite: Die Dolche symbolisieren den Tyrannenmord, der *pilleus*, die Filzkappe des freien römischen Bürgers, steht für die wiedergewonnene Freiheit; Legende: EID[us] MART[iae] (»die Iden des März«).

Allen bösen Vorzeichen zum Trotz bestand Caesar darauf, sich in den Senat zu begeben, selbst als seine Gattin Calpurnia ihn davon abzuhalten versuchte. Für diesen Tag war – Ironie der Geschichte – das Theater des Pompeius (vgl. Abb. 5, Nr. 25) als Versammlungsort ausersehen worden. Bedeutsam ist in diesem Zusammenhang auch das von den Verschwörern verabredete Datum, die Iden des März: Genau einen Monat zuvor, an den Iden des Februar, hatte Antonius Caesar die Königskrone angetragen.

Vor seinem Haus wurde Caesar schon von Decimus Brutus erwartet, der ihn bat, sich unmittelbar in den Senat zu begeben, wo man bereits auf ihn warte. Vor Betreten des Gebäudes trat Spurinna auf ihn zu, ein etruskischer

Wahrsager, der Caesar bei einer früheren Gelegenheit vor den Iden des März gewarnt hatte. Der Diktator verlachte den Mahner als falschen Propheten, worauf dieser – so bei Plutarch (s. o.) zu lesen – nur geantwortet haben soll, wohl sei der Tag gekommen, aber noch sei er nicht vorüber.

Der einzige, der Caesar in der Gefahr hätte beistehen können, war Antonius. Doch wie Plutarch berichtet, wurde er vor dem Pompeiustheater von Decimus Brutus unter einem Vorwand abgefangen: »Antonius, der Caesar treu ergeben und außerdem ungewöhnlich kräftig war, wurde von Brutus Albinus vor dem Sitzungssaal absichtlich in eine lange Unterredung verwickelt und dadurch ferngehalten.«[65] Kaum hatte Caesar Platz genommen, trat Tillius Cimber, der den übrigen das Zeichen zum Anschlag geben sollte, auf den Diktator zu, als wolle er ihm ein Gesuch unterbreiten. Als Caesar abwinkte, fasste Tillius ihn an der Toga. Während Caesar noch laut ausrief, ihm werde Gewalt angetan, versetzte Casca ihm einen Dolchstich, der ihn unterhalb der Stirn traf. Dann stachen auch die übrigen Verschwörer zu. Als Caesar begriff, was mit ihm geschah, sank er schon zu Boden, bedeckte sein Gesicht mit der Toga und sprach kein weiteres Wort. Nur als er Brutus unter den Verschwörern bemerkte, soll er, so berichten die antiken Quellen übereinstimmend, gerufen haben: »Auch du, mein Sohn?«

65 Plutarch, *Caesar* 66.

Caesar traf an den Iden des März keinerlei Vorsichtsmaßnahmen, schlug alle Warnungen in den Wind und missachtete auch die göttlichen Vorzeichen, die ihn hätten aufhorchen lassen müssen.[66] Sueton zufolge planten die Verschwörer zunächst, die Leiche des toten Diktators in den Tiber zu werfen, seinen Besitz einzuziehen und alle seine Verfügungen für ungültig zu erklären. Aus Furcht vor Antonius und Lepidus hätten sie jedoch darauf verzichtet.

Zwei Tage nach der Tat, am 17. März 44, berief Antonius eine Senatssitzung ein, um zu entscheiden, was mit Caesars Leichnam zu geschehen hätte. Die Sitzung fand im Tempel der Erdgöttin Tellus statt, stand doch die Frage im Mittelpunkt, wie man Caesar bestatten sollte und ob dem Diktator eine Leichenfeier überhaupt zustünde. Antonius verknüpfte die Bestattungsfrage unmittelbar mit zwei weiteren Entscheidungen, nämlich, ob Caesars zu Lebzeiten getroffene Anordnungen in Kraft bleiben sollten und ob sein Testament Gültigkeit beanspruchen konnte. Beide Fragen berührten im Grunde das eine Kernproblem, wie der Senat nach dem Tod des Diktators dessen verfassungsrechtlichen Status zu Lebzeiten definieren würde, mit anderen Worten: Hatte Caesar seine Macht durchgängig auf legaler Grundlage ausgeübt, oder hatte er, zumindest von einem bestimmten Zeitpunkt an, wie ein Tyrann geherrscht? Hiervon hingen nicht nur die Gültigkeit seiner Verfügungen und seines Testaments ab sowie der Beschluss, was mit seinem Leichnam geschehen sollte – die

66 Vgl. Appian, *Bürgerkriege* 2,149,620.

Beantwortung der Frage entschied auch über das Schicksal seiner Mörder: Hatten diese den höchsten Vertreter der legitimen Staatsgewalt getötet, oder waren es Tyrannenmörder im Dienste der Freiheit der Republik?

Formal gesehen war Antonius' Vorgehen, über beide Fragen zugleich entscheiden zu lassen, nicht zu beanstanden – und doch kam es einer Erpressung gleich. Antonius konnte darauf vertrauen, dass die Mehrheit der Senatoren, auch die Caesargegner, ein großes Interesse an der Ratifizierung der Verfügungen des Diktators haben würde, denn wie wir von Appian wissen, handelte es sich dabei um Bestimmungen, mit denen der Diktator für die Zeit des bevorstehenden Feldzugs gegen die Parther die Vergabe der Magistraturen, Priesterämter, Provinzstatthalterschaften und Militärkommandos für die nächsten fünf Jahre im voraus geregelt hatte. Gleichzeitig beschwor Antonius das Schreckgespenst von Unruhen im Volk und unter Caesars Veteranen herauf. So erreichte er, dass die Senatoren mit den Verfügungen des Diktators auch dessen Testament anerkannten und zugleich Caesars Leiche davor bewahrten, in den Tiber geworfen zu werden.

Noch am selben Tag beschloss der Senat eine allgemeine Amnestie für die Caesarmörder. Damit griff das Gremium auf ein in Rom unübliches, wenn auch nicht völlig unbekanntes Hilfsmittel zurück. Cicero, der die Amnestielösung ersonnen und den Antrag eingebracht hatte, führt in der einige Monate später gegen Antonius gehaltenen *Ersten Philippika* aus:

> In diesem Tempel habe ich, soweit es in meinen Kräften stand, das Fundament zum Frieden gelegt und das eins-

tige Musterbeispiel der Athener zu neuem Leben erweckt. Ich habe mir sogar die griechische Benennung zu eigen gemacht, die damals die Bürgerschaft Athens bei der Schlichtung ihrer Streitigkeiten gebraucht hat. Jegliche Erinnerung an unseren Zwist sollte nach meinem Vorschlag ewigem Vergessen anheimgegeben sein.[67]

Vor dem Hintergrund der dramatischen Lage nach Caesars Ermordung – erst recht aber angesichts des weiteren Gangs der Ereignisse – war dies ein stark intellektuell geprägter Vorschlag zur Entspannung der Lage, was schon die Verwendung des griechischen Begriffs *amnestía* zeigt. Vorbild war der Straferlass, der im Jahr 403 v. Chr. ausgerufen worden war, nachdem Thrasybulos vom Piräus aus in Athen eingerückt war, um die Tyrannei der Dreißig zu beenden. Mit dieser Amnestie wurde ein Konflikt beigelegt, der bei den Griechen (und bei gebildeten Römern wie Cicero) als Musterfall eines Bürgerkriegs galt. Nach griechischem Vorbild sollte nun auch für die Caesar-Attentäter und für alle anderen Bürger ein allgemeiner Straferlass in Kraft treten. Niemand durfte mehr Rache für den Tod des Diktators fordern. Der Mantel allgemeinen Vergessens sollte sich über erlittenes Unrecht breiten, begangenes Unrecht auf beiden Seiten aus dem Gedächtnis gelöscht werden. Noch während die Caesarmörder sich auf dem Kapitol verschanzt hielten, wurde am 17. März 44, zwei Tage nach den blutigen Ereignissen, der Straferlass verkündet.

67 Cicero, *Reden gegen Antonius* 1,1 (zit. nach: Cicero, *Philippische Reden gegen Antonius. Erste und zweite Rede*, Lateinisch/Deutsch, übers. und hrsg. von Marion Giebel, Stuttgart 1983, Universal-Bibliothek 2233).

Also erhielt Caesar eine Totenfeier, und natürlich verlief diese Totenfeier alles andere als gewöhnlich. Das Gewand, das er bei seiner Ermordung getragen hatte, wurde an einem Siegespfeiler aufgehängt, der auf einem goldenen, dem Venustempel nachempfundenen hausartigen Schrein prangte. In seinem Inneren stand ein mit Gold und Purpur geschmücktes elfenbeinernes Bett. Die Leichenrede, die Antonius nun hielt, sollte in die Geschichte eingehen. Cassius Dio bezeichnete sie zwei Jahrhunderte später als schön und geschliffen, doch den Umständen des Augenblicks wenig angemessen.[68]

Tatsächlich setzte Antonius sich über den vereinbarten Ablauf hinweg. Dieser sah vor, dass Caesars Leichnam nach der Totenrede auf dem Marsfeld eingeäschert werden sollte. Antonius aber hatte schon vor Beginn der Trauerfeierlichkeiten Caesars Testament öffentlich verlesen lassen, in dem der Diktator seine weitläufigen Gärten dem Volk von Rom und den Angehörigen der römischen Plebs 300 Sesterzen pro Kopf hinterließ. Zugleich verkündete Antonius den Senatsbeschluss (oder er ließ ihn zuvor von einem Ausrufer verlesen), durch den Caesar »alle göttlichen und menschlichen Ehrungen zuerkannt worden waren, ebenso den Eid, mit dem sich alle Senatoren für die persönliche Sicherheit dieses einen verpflichtet hatten«,[69] wie es bei Sueton heißt.

Antonius sorgte auch dafür, dass die Totenfeier für den ermordeten Diktator reichlich Gelegenheit bot, Jammer und Empörung über die Tat zu wecken. Vor allem gegen

68 Vgl. Cassius Dio, *Römische Geschichte* 44,35,4.
69 Sueton, *Caesar* 84,2.

Ende seiner Rede beschwor er mitten auf dem Forum – so, als hätte er die Amnestie vergessen – die Wunden, die Caesar von seinen Mördern empfangen hatte, zeigte sie dem Volk oder versprach zumindest, sie ihm zeigen zu lassen. In der ritualisierten Symbolsprache der römischen Rhetorik bedeutete dies nichts anderes, als Caesars Veteranen und das Volk zur Rache an den Caesarmördern aufzurufen.

Die weiteren Ereignisse scheinen Cassius Dio in seinem Urteil über Antonius' Totenrede zu bestätigen. Das Volk hatte von Caesars Testament und den darin versprochenen Geschenken an die Einwohner der Stadt erfahren. Es hatte Antonius' Leichenrede vernommen. Es hatte die Wunden sehen können, die den Körper des toten Diktators bedeckten. Nun war der Augenblick gekommen, in dem die versammelten Plebejer und Caesars Veteranen aufbegehrten. Einer nur bei Appian überlieferten Version zufolge wurde Feuer an die Kurie des Pompeius gelegt, den Ort, an dem Caesar seinen Attentätern zum Opfer gefallen war. Übereinstimmend berichten die Quellen, wie man nach den Caesarmördern zu fahnden begann und versuchte, ihre Häuser in Brand zu setzen. Dem einfachen Volk war die Idee einer Amnestie, wie sie der Senat beschlossen hatte, offenbar nicht zu vermitteln, zu sehr widersprach sie den traditionellen Anschauungen und Wertmaßstäben der römischen Gesellschaft.

Nachdem es zunächst gelungen war, das Volk von den Häusern der Attentäter zu vertreiben, bemächtigte es sich der Bahre mit dem Leichnam des Ermordeten. Einige verlangten sogar, diesen in der Cella des Jupitertempels auf dem Kapitol einzuäschern, ein Vorhaben, das Cassius Dio zufolge jedoch von den Tempelwachen unterbunden wurde, die fürchteten, das Feuer könne übergreifen. Laut Appian waren es die Priester des Iuppiter Optimus Maximus, die eine Verbrennung des Leichnams im Allerheiligsten des dem höchsten römischen Gott geweihten Tempels verhinderten und damit ein Sakrileg unerhörten Ausmaßes abwendeten.

Die Menge, noch immer im Besitz der Totenbahre, stieg nun vom Kapitol wieder zum Forum herab. An der Stelle, wo später der Tempel des *Divus Iulius*, des vergöttlichten Caesar, errichtet wurde, legte man die sterblichen Überreste des Diktators auf einen eilig aufgeschichteten Scheiterhaufen und setzte diesen in Brand; der zu diesem Zweck bestimmte Scheiterhaufen auf dem Marsfeld blieb unbenutzt. Dies stellte eine Verletzung des schon im Zwölftafelgesetz festgeschriebenen strikten Verbots der Leichenverbrennung und -bestattung innerhalb der Stadtgrenzen dar. Mehr noch, Caesars Leichnam war just im kultischen und politischen Herzen der Stadt eingeäschert worden und, wie Appian hinzufügt, in unmittelbarer Nachbarschaft der Regia, des Amtssitzes der Könige und des Pontifex Maximus.[70]

Aber für seine Veteranen und das römische Volk war Caesar schon kein einfacher Sterblicher mehr und seine Verbrennung innerhalb der Stadtmauern deshalb auch kein Verstoß gegen uralte rituelle Reinheitsgebote. Schließlich genossen auch die Vestalinnen das Privileg, innerhalb des Pomeriums, der rituellen Stadtgrenzen, bestattet zu werden. Warum also sollte dem göttlichen Caesar dieses Privileg verweigert werden?

70 Vgl. Appian, *Bürgerkriege* 2,148,616.

Zum Schluss eine vielleicht banale, aber nicht unwichtige Beobachtung: Aus Sicht der Verschwörer war ihr einziger Fehler an den Iden des März, Antonius am Betreten der Kurie zu hindern und ihm so den Tod zu ersparen. Dieser Fehler besiegelte wenige Jahre darauf ihr Schicksal in der beispiellos blutigen Schlacht bei Philippi – die der augusteische Dichter Properz bitter als »Bürgergräber«[71] bezeichnet und in eine Reihe mit Pharsalos gestellt hat.

71 Properz, *Elegien* 2,1,27 (zit. nach: Properz, *Sämtliche Gedichte*, Lateinisch/Deutsch, übers. und hrsg. von Burkhard Mojsisch [u. a.], Stuttgart 1993, Universal-Bibliothek 1728).

Epilog

Es wäre methodisch falsch und auch müßig zu spekulieren, was Caesar getan hätte, wäre er nicht in den Iden des März 44 ermordet worden, sondern gegen die Parther ins Feld gezogen und heimgekehrt. Die Unterwerfung der Parther hätte Caesar seinem Traum näher gebracht, es Alexander dem Großen gleichzutun, vor dessen Standbild er einst im Heiligtum des Hercules von Gades in Tränen ausgebrochen war, so die Überlieferung (vgl. S. 17f.). Eine Einverleibung des Partherreiches würde die Geschichte des Imperium Romanum entscheidend verändert haben, das sich über Jahrhunderte militärisch und diplomatisch mit dem Gegner im Osten auseinanderzusetzen hatte, auch so viel lässt sich vermuten. Aufschlussreicher als solche rein hypothetischen Überlegungen scheint mir zum Abschluss jedoch ein Blick auf Caesars politisches Handeln zu Lebzeiten, vor dem Hintergrund der wechselvollen fünf Jahrzehnte vom Ende der Republik bis zur Errichtung des Prinzipats unter Caesars Adoptivsohn Augustus.

Die politische Klasse der späten Republik, daran kann kein Zweifel bestehen, war zutiefst korrumpiert. Vor allem die Gruppe der Optimaten, Caesars Hauptwidersacher, blieb einem überkommenen Lagerdenken verhaftet. Ihre Politik verfolgte ausschließlich das Ziel, Einfluss und Status der Senatsaristokratie zu sichern, auch wenn sich dahinter sehr unterschiedliche Interessen verbargen, die zumeist allein dem persönlichen Machtzuwachs und Gewinnstreben der einzelnen politischen Akteure dienten. Dies gilt auch für die Interessen der Führungsschicht der Munizipien und Kolonien mit römischem Bürgerrecht, die

Abb. 7: Porträtkopf: der gealterte Caesar. Gefunden in Tusculum und heute aufbewahrt in Turin, ist dies das einzige erhaltene Porträt, das noch zu Lebzeiten Caesars entstanden sein dürfte.

ebenfalls von den Optimaten im Senat vertreten wurden. Nur Angehörige dieser Provinzoberschichten konnten es sich leisten, regelmäßig nach Rom zu reisen, um dort ihre Stimme abzugeben, was besonders in den Wahlversammlungen der Zenturiatskomitien ins Gewicht fiel, denn dort wählte man die Konsuln und Prätoren.

Vor diesem Hintergrund wird begreiflich, warum Caesar sich als Diktator, dann als Diktator auf Lebenszeit gegenüber seinen politischen Gegnern so arrogant verhielt, wie er es angeblich tat – aber auch, warum die Reaktionen auf sein Verhalten so ausfielen, wie sie es taten. Caesars Ermordung und ihre Vorgeschichte lassen sich, auch ohne Berufung auf Spurinnas Prophezeiung, mit Fug und Recht als »Chronik eines angekündigten Todes« verstehen. Indes wäre es verfehlt, Caesar Pläne zur Errichtung einer Monarchie nach hellenistischer Prägung oder eines Königtums nach latinisch-altrömischem Vorbild zu unterstellen. Wonach der Diktator strebte, war vielmehr ein Regime, das man als paternalistisch-autoritär kennzeichnen könnte, ein System, das ihm vollständige Kontrolle einräumte, von der Besetzung der Magistraturen bis zur Verteilung der Provinzen.

Caesars Macht gründete auf der bedingungslosen Unterstützung durch die römischen Plebejer und seine Veteranen (wobei letztere nur in Ausnahmefällen in die Hauptstadt gerufen wurden). In der Volksversammlung konnte er sich dieser Unterstützung sicher sein. In der Kurie, inmitten der versammelten Senatoren, aber war der Diktator allein. Hier war er – auch im politischen Sinne – isolierter, als es den Anschein hat. Selbst sein Gefolgsmann Antonius, der sich zum Zeichen der Loyalität gegenüber dem Diktator mit Fulvia vermählt hatte, verfolgte weiterhin Pläne, die, vorsichtig formuliert, vor allem in seinem eigenen Interesse lagen. An den Iden des März wurde Antonius vor der Kurie zurückgehalten und konnte dem Diktator nicht beistehen, und selbst Männer wie Aemilius Lepidus und Asinius Pollio, die Caesar weitaus treuer ergeben, aber an diesem Tag nicht anwesend waren, hätten gegen die Übermacht der Verschwörer in den Reihen der Senatoren kaum etwas ausrichten und ihn gegen seine Mörder schützen können.

Doch auch die oligarchisch gesinnte Senatsmehrheit, aus deren Reihen die Caesarmörder stammten, hatte ihr Verhängnis selbst heraufbeschworen, das in der Niederlage bei Philippi nur seinen blutigen Abschluss fand. Die Optimaten waren zu einem wirksamen Regierungshandeln, das über die eigenen Standesinteressen hinausblickte, nicht in der Lage, dies hatten die inneren Auseinandersetzungen seit der Gracchenzeit bewiesen. Zu den über ein Jahrhundert währenden Auseinandersetzungen trug wesentlich auch der chronische Interessenkonflikt zwischen Senatsadel und Ritterstand bei. Er betraf vor allem die Provinzverwaltung: Da die Senatoren in ihrer Amtszeit als Statthalter dort meist eine Politik maximaler wirtschaftlicher Ausbeutung betrieben, gerieten sie häufig mit den in Steuerpachtgesellschaften organisierten Angehörigen des Ritterstandes in Konflikt. Die Steuerpächter (*publicani*) waren zwar kaum weniger habgierig, doch da sie in der Regel mit der Erneuerung ihres Vertrages rechnen konnten, gingen sie bei der Eintreibung der Abgaben moderater vor als die Senatoren im Amt des Statthalters. Deren Amtszeit endete gewöhnlich nach drei Jahren, und oft plünderten sie ihre Provinzen regelrecht aus. Prozesse von Steuerpächtern gegen Statthalter und umgekehrt waren die Folge und vergifteten jahrzehntelang das politische Klima in Rom. Erst nach Errichtung des Prinzipats unter Augustus gelang es, eine dauernde Befriedung zwischen Ritter- und Senatorenstand herbeizuführen.

Caesar ergriff in diesem Konflikt zweier Ausbeutergruppen die Partei des Ritterstandes. Vielen aus dessen Reihen verlieh er den Senatorenrang und nahm zahllose neue Mitglieder in das altehrwürdige Gremium auf. Die Angehörigen des senatorischen Adels empfanden dies als Herabsetzung der eigenen *dignitas*. Manche konnten dem Diktator diese Kränkung offenbar nicht verzeihen. Wahrscheinlich lag hier eines der wichtigsten Motive für die Verschwörung gegen den Diktator. An den Iden des März kamen sehr unterschiedliche Beweggründe zusammen: ein tiefsitzender Hass gegen den Diktator bei einem Großteil der Optimaten, eine phrasenhaft beteuerte »Freiheitsliebe«, die man unter der Herrschaft eines Einzelnen verloren glaubte, und schließlich eine Vielzahl mehr oder weniger kaschierter machtpolitischer und ökonomischer Einzelinteressen, die durch das Handeln des Diktators teils schon verletzt, teils noch immer bedroht waren.

Zeittafel

101/100 v. Chr.	Gaius Iulius Caesar in Rom geboren
85	Tod des Vaters
84	Caesar heiratet Cinnas Tochter Cornelia; er wird zum *flamen Dialis* designiert
81	Militärdienst in Kleinasien unter Marcus Minucius Thermus
77/76	Caesar klagt Cornelius Dolabella wegen Amtsmissbrauchs an
74/75	Aufenthalt auf Rhodos; Caesar gerät in die Hände von Piraten
73	Rückkehr nach Rom und Aufnahme in das Priesterkollegium der *pontifices*
72 oder 71	Wahl zum Militärtribun
69	Quästur in Spanien; Leichenrede auf Iulia (Caesars Tante) und auf seine verstorbene Gattin Cornelia
68	Eheschließung mit Pompeia
65	Wahl zum kurulischen Ädil; Caesar erwirbt sich die Gunst des einfachen Volkes
63	Pontifex Maximus; Einspruch gegen die Hinrichtung der Catilinarier
62	*Bona-Dea*-Skandal und Scheidung von Pompeia; Wahl zum Prätor
61	Proprätur in Spanien; der Feldzug gegen die Lusitaner bringt Caesars Soldaten und ihm selbst reiche Beute
60	Geheimbündnis zwischen Caesar, Pompeius und Crassus (sogenanntes »Erstes Triumvirat«)
59	Caesar zum ersten Mal Konsul; Ansiedlung der Veteranen des Pompeius in Capua; Eheschließung mit Calpurnia
58	März: Übernahme des Kommandos in Gallien; Feldzug gegen die Helvetier und Vertreibung Ariovists aus Gallien; Konsulat von Caesars Schwiegervater Calpurnius Piso Caesoninus; Publius Clodius Volkstribun
58/57	Caesar verbringt den Winter im diesseitigen Gallien (Gallia cisalpina)
57	Feldzug gegen die Belger; Cicero kehrt aus dem Exil zurück; der Senat beschließt fünfzehntägige Dankfeiern für die Siege

in Gallien; Feldzug gegen die Veneter; Niederschlagung des Belgeraufstandes, die Nervier werden fast völlig vernichtet

57/56 Caesar im Winterlager im diesseitigen Gallien

56 Vertrag von Luca zur Erneuerung des Triumvirats; Krieg gegen die Veneter endet mit römischem Seesieg; Militäraktionen gegen Moriner und Menapier

56/55 Winterlager im diesseitigen Gallien

55 Unter Crassus und Pompeius als Konsuln wird Caesars prokonsularisches Kommando in Gallien auf fünf weitere Jahre verlängert; Feldzug gegen Usipeter und Tencterer; erste Rheinüberquerung; erste Überfahrt nach Britannien; in Rom zwanzigtägige Dankesfeiern auf Senatsbeschluss; Caesar interveniert in Illyricum

54 Zweite Überfahrt und Feldzug in Britannien, Cassivellaunus wird geschlagen; im September stirbt Caesars Tochter Iulia im Kindbett; Niederschlagung des Eburonenaufstandes und der Erhebung von Senonen und Treverern durch Caesars Truppen

53 Feldzug gegen Nervier, Treverer, Carnuten, Senonen und Menapier; zweite Rheinüberquerung; endgültige Niederschlagung der Eburonen; Crassus kommt auf dem Partherfeldzug in der Schlacht von Carrhae ums Leben

52 Winterlager im diesseitigen Gallien; Clodius von Milos Leuten ermordet; unter der Führung des Arvernerkönigs Vercingetorix Erhebung der gallischen Stämme gegen die römische Besatzung; Pompeius wird vom Senat zum allein amtierenden Konsul ernannt; Niederlage Caesars vor Gergovia; Belagerung und Eroberung Alesias; Vercingetorix kapituliert

51 Zwanzigtätige Dankfeiern für Caesars Siege in Gallien; Feldzug gegen Bituriger, Carnuten und Bellovacer; Festlegung der Gebietsordnung im jenseitigen Gallien

51/50 Winterlager im diesseitigen Gallien

50 Curio beantragt die Entlassung der Legionen durch Caesar und Pompeius; Caesar kehrt nach Italien zurück

49 Beschneidung des tribunizischen Interzessionsrechts durch den Senat; die Tribunen Marcus Antonius und Quintus Cassius flüchten zu Caesar ins diesseitige Gallien; 11./12. Januar: Übergang über den Rubikon; Caesar besetzt Ariminum, Pisaurum und Fanum, Antonius Arretium; Pompeius, ein Teil des Senats sowie die Konsuln verlassen Rom und erreichen im Februar Brundisium, von wo aus sie sich im März über die Adria nach Dyrrhachium zurückziehen; Caesar verleiht per Dekret den Einwohnern der Provinz Gallia cisalpina das römische Bürgerrecht; nach der Besetzung Brundisiums kehrt Caesar nach Rom zurück; ab Mai Belagerung von Massilia; Curio in Sizilien, Cato verlässt die Insel; Juni: Feldzug in Spanien und Sieg über die Pompeianer bei Ilerda; August: Curio setzt nach Nordafrika über und fällt kurz darauf im Kampf gegen Attius Varus, der mit dem Numiderkönig Iuba verbündet ist; Oktober: Caesar wird erneut zum Diktator und Konsul ernannt; Massilia kapituliert

48 Caesar setzt über die Adria; 9. August: Schlacht bei Pharsalos, Pompeius flieht nach Ägypten und wird bei seiner Landung im September auf Befehl von König Ptolemaios XIII. ermordet; im Oktober kommt Caesar nach Ägypten und bemüht sich um eine Aussöhnung zwischen Ptolemaios und dessen Schwester Kleopatra; Alexandrinischer Krieg; Caesar lässt die ägyptische Flotte verbrennen; im November Hinrichtung des Eunuchen Potheinos

47 Caesar besetzt die Insel Pharos und im März ganz Alexandria; Brand der Alexandrinischen Bibliothek; 2. August: Sieg über Pharnakes bei Zela; Oktober: Rückkehr nach Rom

47–46 Feldzug in Nordafrika; Januar 46: Eroberung von Leptis und Abzug Scipios aus Utica; 6. April: Schlacht bei Thapsos; 12./13. April: Freitod Catos; 18. April: Caesar marschiert in Utica ein; im Mai Sieg bei Zama; in Caesars Abwesenheit unterdrückt Antonius Unruhen unter der von Hunger und Schulden geplagten Bevölkerung Roms

46 Juli: Rückkehr Caesars nach Rom; August: vierfacher Tri-

umph für die Siege in Gallien, Ägypten, Pontos und über Iuba; als Pontifex Maximus ordnet Caesar die Reform des Kalenders an

46–45 Feldzug gegen die Pompeianer in Spanien; im April 45 bei Munda vernichtende Niederlage der Pompeianer unter dem jüngeren Gnaeus Pompeius, der in der Schlacht fällt

45 Rückkehr nach Rom; Triumphfeiern für die Siege in Spanien

44 Caesar wird zum Imperator, Konsul und Diktator auf Lebenszeit ausgerufen; am Latinerfest begrüßt man ihn mit dem Königstitel; 15. Februar: während der Luperkalien trägt Antonius dem Diktator die Königskrone an; 15. März: Caesar wird im Theater des Pompeius ermordet

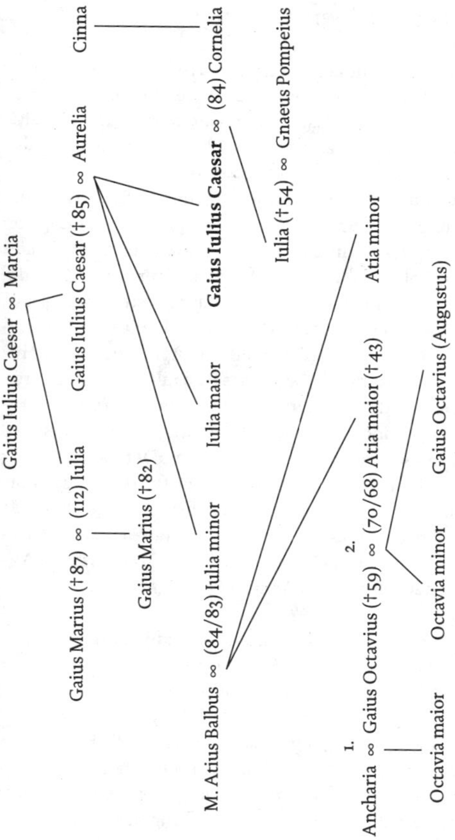

Stammbaum der Julier (Daten alle vor Christus)

Verzeichnis der Eigennamen

Antonius. Um 82 geboren, leistete Marcus Antonius unter Caesar gegen Ende des Gallienfeldzuges seinen Militärdienst. Bei Ausbruch des Bürgerkriegs im Jahr 49 Volkstribun, flüchtete er in das diesseitige Gallien zu Caesar und besetzte nach der Überschreitung des Rubikon das etrurische Arretium. Nach dem Sieg über die Pompeianer bei Pharsalos blieb Antonius in Italien zurück, um dort in Caesars Abwesenheit die Ordnung aufrechtzuerhalten. Bei der Unterdrückung von Unruhen im Jahr 47 ging er mit Gewalt vor, eine Abkühlung in beider Verhältnis war die Folge. 47/46 nahm Antonius Fulvia zur Frau, die zuvor mit Clodius und dann mit Curio, zwei der engsten Gefolgsleute Caesars, verheiratet gewesen war, und leitete damit eine Wiederannäherung an den Diktator ein. Während der Luperkalien des Jahres 44, als Antonius gemeinsam mit Caesar das Konsulat bekleidete, trug er diesem die Krone an, um ihn vom Volk zum König ausrufen zu lassen, stieß bei Caesar jedoch damit auf Ablehnung. An den Iden des März wurde Antonius vor der Kurie aufgehalten. Der auf Vorschlag Ciceros vom Senat beschlossenen Straflosigkeit für die Caesarmörder stimmte er nach außen hin zu, stachelte aber in der Leichenrede auf den getöteten Diktator das Volk und die Veteranen dazu auf, Rache zu fordern. Im Kampf um Caesars politisches Erbe unterlag Antonius 31 v. Chr. in der Schlacht bei Actium Octavian.

Ariovist. Anführer der germanischen Sueben. 71 v. Chr. riefen ihn die Sequaner gegen die Angriffe der Haeduer zu Hilfe. 58 von Caesar geschlagen, gelang ihm die Flucht über den Rhein.

Asinius Pollio. Obschon von Beginn seiner politischen Karriere an Parteigänger Caesars, wusste der aus dem italischen Stamm der Marruciner gebürtige *homo novus* sich doch eine gewisse Unabhängigkeit zu bewahren. Er nahm an der Überschreitung des Rubikon teil und wurde von Caesar in den Senat aufgenommen. Asinius Pollio stiftete Roms erste öffentlich zugängliche Bibliothek.

Aurelia. Caesars Mutter war mit der einflussreichen Familie der Aurelii Cottae verwandt. Nach dem frühen Tod ihres Gatten widmete sie sich der Erziehung ihres Sohnes. Anders als in der römischen Oberschicht üblich, ging sie keine neue Ehe ein und starb hochbetagt im Jahr 54.

Brutus. Marcus Junius Brutus wurde um 85 geboren. Seine Mutter Servilia hatte mit Caesar ein Verhältnis, und Gerüchte behaupteten (unzutreffend), dieser und nicht ihr Gatte Iunius Silanus sei sein Vater. Im Bürgerkrieg schlug sich Brutus wie sein Onkel Cato (dessen Tochter Porcia er später zur Frau nahm) auf die Seite des Pompeius, wurde nach dessen Niederlage aber von Caesar begnadigt. Als Prätor des Jahres 44 wurde Brutus zum Haupt der Verschwörung gegen den Diktator. Nach dessen Ermordung floh er aus Rom. 42 von Antonius' und Octavians Truppen bei Philippi geschlagen, wählt Brutus den Freitod.

Bibulus. Marcus Calpurnius Bibulus, Gegner Caesars und zugleich dessen Amtskollege als Ädil und Prätor sowie als Konsul des Jahres 59. Da Bibulus damals monatelang sein Haus nicht verließ, sprach man deshalb scherzhaft vom »Konsulat des Iulius und des Caesar«. Auf seinen Antrag hin wurde Pompeius 52 vom Senat zum allein amtierenden Konsul gewählt. 51 ging Bibulus als Prokonsul nach Spanien, befehligte 49 die Flotte der Pompeianer im Kampf gegen Caesar und starb im Jahr darauf.

Caesarion. Geboren 47 v. Chr. begleitete Caesars leiblicher Sohn seine Mutter Kleopatra nach Rom. Im Anschluss an die Eroberung Alexandrias im Jahr 30 ließ Octavian, politischer Nachfolger und Adoptivsohn Caesars, den einzigen männlichen Nachkommen des ermordeten Diktators beseitigen.

Calpurnia. Tochter des Konsuls Calpurnius Piso Caesoninus, Caesars vierte Ehefrau. Die in Caesars erstem Konsulat aus politischen Gründen geschlossene Ehe erwies sich als dauerhaft, auch nachdem dieser eine Affäre mit Kleopatra eingegangen war.

Calpurnius Piso Caesoninus. Als Konsul des Jahres 58 nahm Piso auf Grundlage der Ackergesetze, die Caesar während seines Konsulats ein Jahr zuvor erlassen hatte, die Gründung einer Kolonie für die Veteranen des Pompeius in Capua vor und bekleidete dort sogar das Duovirat. Glaubt man seinem Widersacher Cicero, ließ er als Konsul Clodius und seinen Banden freien Lauf. Als prokonsularische Provinz erhielt Piso Illyricum, das an den Machtbereich seines Schwiegersohns Caesar angrenzte. Nach dessen Ermordung trat er im Jahr 43 in mehreren Reden vor dem Senat für eine Vermittlung im Streit zwischen Antonius und Decimus Brutus um die Herrschaft über die Provinz Gallia cisalpina ein.

Cassius. Unter Crassus kämpfte Gaius Cassius Longinus in der Schlacht bei Carrhae. Wie Brutus schlug er sich im Bürgerkrieg auf die Seite der Pompeianer, wurde aber von Caesar begnadigt. Im Jahr 44 bekleidete er das Amt des Prätors. Mit Brutus war Cassius einer der führenden Köpfe der Verschwörung gegen den Diktator. Nach der ersten Schlacht bei Philippi nahm er sich das Leben.

Catilina. Als junger Mann war Lucius Sergius Catilina, Spross einer der ältesten und angesehensten Patrizierfamilien Roms, ein Anhänger Sullas. 68 wurde er zum Prätor gewählt, die beiden folgenden Jahre amtierte er als Statthalter der Provinz Africa. Nach seiner Rückkehr in die Hauptstadt wurde Anklage wegen Amtsmissbrauchs gegen ihn erhoben. Eine Kandidatur für das Konsulat war damit bis zu einer juristischen Rehabilitierung ausgeschlossen, dennoch bewarb Catilina sich für das Jahr 65 um das höchste Amt, wurde aber angesichts des laufenden Verfahrens nicht zugelassen. In das Jahr 66 fielen angeblich auch Catilinas erste Pläne zur Absetzung der gewählten Konsuln, die Caesar und Crassus gedeckt haben sollen. Als Catilina sich 64 erneut bewarb und statt seiner Cicero als einer der Konsuln für das Jahr 63 gewählt wurde, zettelte er, gestützt auf die Gegner der Optimaten im Senat und auf die besitzlosen Schichten Roms, eine Verschwörung an. Cicero deckte die Pläne auf und erreichte einen Notstandsbeschluss des Senats, durch den Catilina und seine Gefolgsleute faktisch für vogelfrei erklärt wurden; die in Rom in Haft Genommenen ließ er hinrichten. Catilina floh nach Etrurien, wo er Truppen zusammengezogen hatte, wurde im Jahr 62 von einem Heer unter dem Kommando von Ciceros Amtskollegen Antonius besiegt und kam in den Kämpfen ums Leben.

Cato. Konservativer Wortführer der Optimaten und erbittertster Widersacher Catilinas und seiner Mitverschwörer, deren Hinrichtung er im Verein mit Cicero erwirkte. Ebenso gehörte Cato der Jüngere zu den entschiedensten Gegnern des »ersten Triumvirats«. Als der Bürgerkrieg zwischen Caesar und Pompeius ausbrach, befand Cato sich als Proprätor in Sizilien. Von dort setzte er nach Nordafrika über, um an der Seite der Söhne des Pompeius zu kämpfen. Als die übrigen Pompeianer kapitulierten, nahm sich Cato, obgleich Caesar ihm Straffreiheit zusicherte, 46 in Utica das Leben.

Cicero. Marcus Tullius Cicero wurde 106 in Arpinum als Kind einer Familie aus dem Ritterstand geboren. In Rom studierte er zunächst die Rechte und diente mit 17 im Bundesgenossenkrieg unter Pompeius Strabo. Seinen Ruf als Redner begründete er im Jahr 80 mit der erfolgreichen Verteidigung des Sextus Roscius. 79 ging Cicero zum Studium der Rhetorik nach Athen und anschließend nach Rhodos, wo er den stoischen Philosophen Poseidonios hörte. 75 v. Chr. war Cicero Quästor in Sizilien, fünf Jahre später trat er als Ankläger im Prozess der sizilischen Städte gegen den korrupten Statthalter Verres auf. Als Konsul des Jahres 63 ließ Cicero auf Grundlage eines *senatus consultum ultimum* die in Haft genommenen Mitverschwörer Catilinas hinrichten. 58 erwirkte der Volkstribun Publius Clodius deshalb die Verbannung Ciceros, der daraufhin ins Exil ging, bis er im August 57 auf Pompeius' Betreiben zurückgerufen wurde. In der *Rede für das eigene Haus* vertrat Cicero erfolgreich die Besitzrechte an seinem römischen Grundstück, auf dem Clodius einen Tempel der Libertas hatte errichten lassen. Ebenfalls im Jahr 56 hielt Cicero eine Rede, in der er für eine Verlängerung von Caesars prokonsularischen Vollmachten auf die Dauer von fünf Jahren eintrat. 52 übernahm er die Verteidigung Milos, der für Clodius' Ermordung verantwortlich gemacht wurde und sich noch während des Prozesses nach Massilia absetzte; Cicero veröffentlichte daraufhin den Text seines nicht mehr gehaltenen Plädoyers als Manuskript. Mitte der 50er Jahre begann Cicero mit der Arbeit an umfangreichen rhetorischen und politischen Schriften und zog sich mehr und mehr ins Privatleben zurück. 51 wurde er als Statthalter nach Kilikien entsandt; bis 44 entstanden weitere philosophische Schriften. In die Verschwörung gegen Caesar war Cicero offenbar nicht eingeweiht. Nach dem Tod des Diktators hielt er die berühmt gewordenen *Philippischen Reden* gegen Antonius, der ihn nach Bildung des Triumvirats auf die Proskriptionsliste setzen ließ. Im Dezember 43 wurde er von dessen Häschern auf der Flucht getötet. Antonius ließ Haupt und Hände Ciceros auf der Rednertribüne des Forums zur Schau stellen.

Cinna. Nachdem er im Bundesgenossenkrieg gekämpft hatte, wurde Lucius Cornelius Cinna 87 Konsul. Als er versuchte, die von Sulla im Jahr zuvor erlassenen Gesetze zugunsten der Optimaten rückgängig zu machen, wurde er von seinem Mitkonsul Gnaeus Octavius abgesetzt und aus der Stadt vertrieben. Als Verbündeter des Marius eroberte Cinna Rom und bekleidete 86 mit Marius zusammen erneut das Konsulat; nach dessen Tod war er der Machthaber in Italien, wurde 85 und 84 wiederum Konsul und kam 84 bei einem Truppenaufstand ums Leben. Caesars zweite Gattin Cornelia war Cinnas Tochter.

Cloelius. Seit dem Jahr 58 wichtigster Gefolgsmann des Tribuns Publius Clodius; aufgrund der Lesart »Clodius« in einigen Cicerohandschriften auch als dessen Freigelassener angesehen. Anscheinend war Cloelius nicht nur als einfacher Schreiber, sondern auch als Verfasser der von Clodius eingebrachten Gesetze tätig. Cloelius trat öffentlich das erste Mal im Jahr 58 in Erscheinung und leitete, bekleidet mit der *toga praetexta* der hohen Beamtenschaft, die aus Anlass des Stadtteilfests der Compitalia ausgerichteten Spiele für das einfache Volk. Eine entscheidende Rolle spielte Cloelius bei der Leichenfeier für den ermordeten Clodius, die in der Verbrennung von dessen Leichnam in der Kurie gipfelte. Sehr wahrscheinlich wurde er im Anschluss aus Rom verbannt, scheint aber bald wieder in die Hauptstadt zurückgekehrt zu sein.

Clodius. Obschon Angehöriger der patrizischen *gens Claudia*, ließ sich Publius Clodius Pulcher 58 v. Chr. von einem Plebejer adoptieren, um Tribun werden zu können. Sein Widersacher Cicero beschreibt ihn als zwielichtigen Charakter und skrupellosen Demagogen; tatsächlich bemühte Clodius sich zunächst um eine straffere Organisierung des städtischen Proletariats im Kampf gegen die Schlägertrupps der Optimaten, die sich ihrerseits aus Sklaven und Klienten der Reichen rekrutierten. 52 wurde er von einer dieser Banden unter der Führung Milos auf der Via Appia erschlagen. Unter Cloelius' Führung brachten seine Anhänger Clodius' Leichnam in die Kurie und äscherten ihn dort unter tumultuösen Umständen ein.

Cornelia. Caesars zweite Gattin nach dessen Trennung von Cossutia. Die 84 geschlossene Ehe war vor allem politisch motiviert: Cornelias Vater Cinna war Marius' Nachfolger als Führer der Popularenpartei. Cornelia war die Mutter von Caesars einziger Tochter Iulia. Sie starb 69 v. Chr., im selben Jahr wie Caesars Tante Iulia.

Crassus. Geboren 115 v. Chr., diente Marcus Licinius Crassus im Bundesgenossenkrieg als Offizier unter Sulla. Nach der Prätur im Jahr 73 vom Senat mit der Niederschlagung des Spartacusaufstandes betraut, ging er mit großer Härte vor. Im Jahr 70 bekleidete Crassus gemeinsam mit Pompeius das Konsulat; sie schwächten die antidemokratischen Reformen Sullas ab und beschnitten die Rechte des Senats. Um 62/61 schloss sich der sagenhaft reiche Crassus Caesar an und lieh diesem das nötige Geld, so dass er als Proprätor nach Spanien gehen konnte. Nach dessen Rückkehr schlossen Caesar, Pompeius und Crassus ein Geheimbündnis, das als »erstes Triumvirat« in die Geschichtsbücher einging. 55 war Crassus, wiederum mit Pompeius als Amtskollege, ein weiteres Mal Konsul. Von Syrien aus, das er als prokonsularische Provinz erhielt, brach Crassus 54 zum Feldzug gegen die Parther auf. Der Versuch, es Caesar und Pompeius als Feldherr gleichzutun, scheiterte kläglich, und Crassus fand in der Schlacht bei Carrhae 53 den Tod.

Curio. Als Volkstribun stellte der Caesaranhänger Gaius Scribonius Curio im Jahr 50 den Antrag, Caesar und Pompeius sollten »zum Wohle des Gemeinwesens« gleichzeitig ihre Truppen entlassen. Bei Ausbruch des Bürgerkriegs schickte Caesar ihn zunächst nach Sizilien und anschließend nach Nordafrika, um die Pompeianer zu bekämpfen. Curio, der mit Clodius' Witwe Fulvia verheiratet war, fiel in der Schlacht am Bagradas unweit Karthagos.

Decimus Brutus. Als junger Mann kämpfte Decimus Iunius Brutus unter Caesar im Gallischen Krieg und stand auch im Bürgerkrieg auf dessen Seite. Dennoch gehörte er zum engsten Kreis der Verschwörung gegen den Diktator und übernahm die Aufgabe, ihn von seinem Haus aus zum Theater des Pompeius zu begleiten.

Dolabella. Nach Ausbruch des Bürgerkriegs im Jahr 49 kommandierte Publius Cornelius Dolabella, Ciceros Schwiegersohn, einen Flottenverband im Adriatischen Meer. Wieder in Rom ließ er sich nach Clodius' Vorbild von einem Plebejer adoptieren, um 47 als Volkstribun kandidieren zu können. Während seines Tribunats kam es zu Unruhen in den Reihen der einfachen Bevölkerung, die einen von Dolabella in Aussicht gestellten Schuldenerlass und versprochene Kornspenden einforderte. Die Tumulte wurden von Antonius gewaltsam beendet. Dolabella kämpfte in Nordafrika und in Spanien auf Caesars Seite, der ihn für die Zeit des geplanten Partherfeldzuges zum Konsul bestimmt hatte.

Fulvia. Aus verarmtem altrömischem Adel stammend, ging Fulvia mehrfach Ehen mit Männern aus Caesars politischem Umfeld ein, zunächst mit Clodius und nach dessen Tod im Jahr 52 mit Curio, der

49 in Nordafrika fiel. Ende 47 oder Anfang 46 heiratete sie Marcus Antonius, was als Zeichen für Antonius' Wiedereingliederung in das politische System der Caesaranhänger gedeutet wurde.

Gnaeus Pompeius d.J. Nach der Niederlage von Pharsalos im Jahr 46 gelang es dem Sohn Pompeius' des Großen in Spanien, ein Rückzugsgebiet für die besiegten Pompeianer zu behaupten. Er fiel in der Schlacht bei Munda am 17. März 45.

Iuba. 60 bis 46 König von Numidien, war Iuba I., der im Bürgerkrieg auf Pompeius' Seite kämpfte, für seine Grausamkeit bekannt. Cassius Dio zufolge tötete er Caesars engen Gefolgsmann Curio, den er bei Utica geschlagen hatte (tatsächlich fiel Curio aber bereits in der Schlacht am Bagradas). Nach dem Sieg Caesars über die Anhänger des Pompeius in Afrika im Jahr 46 flüchtete Iuba nach Thapsus, fand dort jedoch keine Unterstützer und nahm sich das Leben.

Iulia. Die Schwester von Caesars Vater ging nach dem Tod ihres Gatten, des Popularenführers Marius, keine weitere Verbindung ein. Gemeinsam mit Caesars Mutter Aurelia lancierte sie dessen zweite Ehe. In der Leichenrede auf seine 69 verstorbene Tante beansprucht Caesar königliche Abkunft, da Iulia Nachfahrin des Geschlechts der Marcier war, und führte seinen Stammbaum bis auf Iulus, den Sohn des Aeneas, und damit bis auf die Göttin Venus zurück.

Iulia. Caesars einzige Tochter aus der Ehe mit Cornelia wurde im Jahr 60 zur Besiegelung des Paktes mit Pompeius verheiratet. Trotz des großen Altersunterschiedes und des politischen Charakters der Verbindung scheint das Paar harmonisch zusammengelebt zu haben, bis Iulia im Jahr 67 unerwartet starb.

Kleopatra. Tochter Ptolemaios' XII. Auletes, geboren 69 v. Chr. Nach ägyptischem Brauch mit ihrem Bruder Ptolemaios XIII. vermählt und gemeinsam zur Thronfolge bestimmt, wurde sie von dessen Höflingen entmachtet. Caesar, mit dem sie bei dessen Erscheinen in Alexandria ein Verhältnis begonnen hatte, setzte die Königin 48 wieder in ihre Rechte ein. Nach dem Tod ihres Gatten Ptolemaios in den Kämpfen um die Hauptstadt mit einem weiteren Bruder gleichen Namens verheiratet, führte Kleopatra faktisch allein die Regierungsgeschäfte. Seit 46 residierte sie in Rom und kehrte nach Caesars Ermordung nach Ägypten zurück. Aus dem Verhältnis mit Caesar stammte ihr Sohn Caesarion, den sie nach dem Tod Ptolemaios' XIV. als Mitregenten einsetzte. Nach der Niederlage des Antonius, dessen Geliebte sie wurde, nahm die letzte unabhängige Herrscherin Ägyptens sich im Jahr 31 v. Chr. das Leben.

Lentulus. Lucius Cornelius Lentulus Crus war 58 Prätor und 49 bei Ausbruch des Bürgerkrieges Konsul. Nach Caesars Darstellung konnte er sein Vorhaben, Geld aus dem Staatsschatz zu entnehmen, nicht mehr ausführen, bevor er sich überstürzt in das Lager des Pompeius absetzte. Nach der Niederlage von Pharsalos floh Lentulus nach Ägypten, wo am Tag nach Pompeius' Ermordung auch er den Tod fand.

Lepidus. Marcus Aemilius Lepidus war 49 Prätor und schloss sich bei Ausbruch des Bürgerkrieges Caesar an. 46 bekleidete er das Konsulat und wurde unter Caesars Diktatur zugleich dessen *magister equitum*. In der Schlacht von Philippi kämpfte Lepidus – jetzt zusammen mit Octavian und Antonius zum Triumvir aufgestiegen – an ihrer Seite gegen die Caesarmörder.

Marius. Gaius Marius, Führer der Popularen an der Wende vom zweiten zum ersten Jahrhundert. 119 wurde der *homo novus* aus Arpinum Volkstribun, 114 heiratete er die aus altem römischem Adel stammende Iulia, Schwester von Caesars Vater. 107 wurde er das erste Mal Konsul und führte den Krieg gegen den numidischen König Iugurtha siegreich zu Ende. Bei Aquae Sextiae und Vercellae besiegte er die Kimbern und Teutonen und beendete die Invasionsgefahr für Italien. Von 104 bis 100 bekleidete Marius erneut das Konsulat, verlor jedoch durch seinen Konflikt mit den führenden Popularen

Saturninus und Glaucia politisch an Rückhalt, woraufhin er 99 bis 97 Rom verließ, um Krieg in Kleinasien zu führen. 88 versuchte Marius, Sulla den Oberbefehl im Krieg gegen Mithridates streitig zu machen. Als dieser nach seinem Sieg über Mithridates gegen die Hauptstadt vorrückte, floh Marius nach Nordafrika, von wo er 87 zurückkehrte und nun seinerseits auf Rom marschierte. Nach seinem Sieg wurde er 86 zum siebten Mal zum Konsul gewählt und starb noch im selben Jahr.

Marius d. J. Nach Cinnas Tod übernahm Marius' Sohn die Führung der Popularen. Nach der Niederlage der Marianer an der Porta Collina ließ der siegreiche Sulla den in Praeneste (Palestrina) belagerten Sohn seines Erzrivalen ermorden und sich dessen Kopf bringen.

Milo. Titus Annius Milo, von den Optimaten finanzierter Gegenspieler des Popularenführers Clodius und im Jahr 57 dessen Nachfolger im Amt des Volkstribuns. Milo wie Clodius unterhielten Straßenbanden, deren Auseinandersetzungen einen normalen Ablauf des politischen Lebens in Rom zeitweilig unmöglich machten. Milos Bestreben, sich zum Konsul wählen zu lassen, führte 52 zum Bruch mit Pompeius. Im selben Jahr inszenierten Milos Leute einen Zwischenfall auf der Via Appia, bei dem Clodius ums Leben kam. Pompeius ließ daraufhin Milo vor Gericht stellen. Cicero übernahm seine Verteidigung, konnte aber die vorbereitete Rede nicht mehr halten, bevor Milo sich nach Massilia absetzte. Erst 48 kehrte dieser nach Italien zurück. Ein gemeinsam mit Marcus Caelius Rufus unternommener Umsturzversuch gegen Caesar scheiterte, und Milo fand in Süditalien den Tod.

Mithridates. Zwischen 112 und 92 v. Chr. versuchte Mithridates VI. Eupator, König von Pontos am Schwarzen Meer, wiederholt Kappadokien zu erobern, scheiterte aber jedesmal am Widerstand der dort stationierten römischen Truppen. 91 setzte er den König von Bithynien, Nikomedes IV., ab, wurde jedoch wiederum von den Römern zum Rückzug gezwungen. 89 fiel Mithridates erneut in

Bithynien ein, griff die römische Provinz Asia an und ließ sämtliche römischen und italischen Bürger in den eroberten Gebieten töten. Weite Teile Griechenlands schlossen sich ihm im Kampf gegen die Römer an. 86 belagerte und plünderte Sulla daraufhin Athen und besiegte ein Jahr später auch Mithridates, der sich nach Leistung von Reparationszahlungen nach Pontos zurückzog. Ein erneuter Krieg gegen Rom im Jahre 74 endete mit Niederlagen gegen Lucullus, dann gegen Pompeius. Nachdem sich schließlich sein eigener Sohn Pharnakes gegen ihn erhoben hatte, nahm Mithridates sich 63 das Leben.

Nikomedes. Im Auftrag des Statthalters der Provinz Asia, Marcus Minucius Thermus, wurde Caesar während seines Militärdienstes im Jahr 80 an den Hof des Königs von Bithynien, Nikomedes' IV., geschickt, um die Entsendung zugesagter Flottenverbände zu betreiben. Wie es scheint, gingen die beiden trotz des beträchtlichen Altersunterschiedes ein homoerotisches Verhältnis ein. Noch Jahre später beim Triumphzug für die Siege im Gallischen Krieg erinnerten Caesars eigene Soldaten in deftigen Spottversen an die »Eskapaden« ihres Generals am bithynischen Hof.

Pharnakes. Nachdem er sich 63 gegen seinen Vater Mithridates erhoben hatte, kontrollierte Pharnakes einen Teil des Königreiches Pontos. 47 fiel er in Kappadokien ein und schlug bei Nikopolis die Truppen des Domitius Calvinus. Als Caesar von Alexandria aus auf dem Kriegsschauplatz erschien, ließ er Pharnakes unverzüglich seine Bedingungen mitteilen: Abzug aus den besetzten Gebieten, Freilassung aller gefangenen Römer und Verbündeten und Tributzahlungen. Pharnakes weigerte sich und unterlag in der Schlacht von Zela.

Pompeia. Nach dem Tode seiner zweiten Gattin Cornelia heiratete Caesar – wiederum auf Vermittlung seiner Mutter – Pompeia, die Tochter des Quintus Pompeius. Dass sie Sullas Nichte war, unterstreicht den politischen Charakter der Verbindung. Im Jahr 62 schlich sich Publius Clodius während der Feiern zu Ehren der *Bona Dea*, an denen ausschließlich die römischen Frauen teilnehmen durften, zu einem Stelldichein mit Pompeia in Caesars Haus ein. Als dies bekannt wurde, ließ sich der Pontifex Maximus unverzüglich von seiner nunmehr kompromittierten Gattin scheiden.

Pompeius. Als junger Mann kämpfte Gnaeus Pompeius im Bundesgenossenkrieg, danach auf Seiten Sullas in Nordafrika und Sizilien gegen die Marianer. Im Anschluss betraute Sulla ihn mit der Rückeroberung des von dem Mariusanhänger Sertorius kontrollierten Spanien. 67 erhielt Pompeius durch ein eigens zu diesem Zweck erlassenes Gesetz das Oberkommando im Kampf gegen die Piraten übertragen, deren Schiffe die Getreideversorgung Roms über das Mittelmeer gefährdeten. Anschließend eroberte Pompeius Bithynien, Pontos und Syrien und kehrte 61 nach Italien zurück. Da der Senat die Bestätigung der von ihm vorgenommenen Neuordnung der Territorialverhältnisse in Kleinasien und die Landverteilung an seine Veteranen verschleppte, schloss Pompeius im Jahr 60 ein Geheimbündnis mit Caesar und Crassus, das sogenannte »erste Triumvirat«. Nachdem Crassus 53 bei Carrhae den Tod gefunden hatte, kam es zu einer Annäherung Pompeius' an die Optimaten und schließlich zum Bruch mit Caesar. Als dieser 49 mit seinen Truppen den Rubikon überschritt, zog sich Pompeius nach Griechenland zurück. Nach der Niederlage bei Pharsalos suchte er Zuflucht beim ägyptischen König Ptolemaios, wurde auf dessen Geheiß aber kurz vor Erreichen der Küste von einem römischen Zenturio ermordet.

Ptolemaios XIII. Seit 51 v. Chr. war Ptolemaios gemäß dem Willen seines Vaters Ptolemaios' XII. Auletes Mitregent seiner Schwester und Gattin Kleopatra VII. auf dem ägyptischen Thron. Nach der Schlacht von Pharsalos im August 48 sicherte er dem besiegten Pompeius Asyl zu, ließ diesen jedoch noch vor der Landung in Alexandria ermorden. Als Caesar im Oktober 48 Alexandria erreichte, versuchte er im Konflikt zwischen Ptolemaios und Kleopatra, die dieser entmachtet hatte, zu vermitteln, wurde aber von Achillas, einem der

Mörder des Pompeius, belagert. Nach wechselnden Kämpfen, bei denen Ptolemaios ums Leben kam, konnte Caesar im März 47 die ägyptische Hauptstadt einnehmen. Ptolemaios' Schwester Kleopatra wurde als alleinige Herrscherin eingesetzt.

Sallust. Gaius Sallustius Crispus wurde 86 v. Chr. in Amiternum im Sabinerland geboren. Als Volkstribun des Jahres 52 bezog er nach Clodius' Ermordung Position gegen Milo und dessen Verteidiger Cicero, woraufhin ihn die Optimaten zwei Jahre später unter dem Vorwurf des öffentlichen Aufruhrs, aus dem Senat ausschließen ließen. Auf Seiten Caesars finden wir ihn 49 als Kommandant einer Legion; 47 war Sallust Prätor, 46 wurde er auf Betreiben Caesars zum ersten Statthalter der neuen Provinz Africa nova ernannt. Nach neuen Vorwürfen zog Sallust sich ins Privatleben zurück und widmete sich der Geschichtsschreibung.

Servilia. In den gesellschaftlichen Grenzen ihrer Zeit kann die aus altem Plebejergeschlecht stammende Servilia als politisch einflussreichste Römerin des ersten Jahrhunderts v. Chr. gelten. Ihr Vater war der Volkstribun Marcus Livius Drusus, der verlangt hatte, den Italikern das römische Bürgerrecht zu verleihen, und dessen Ermordung im Jahr 91 zum Ausbruch des Bundesgenossenkrieges führte. Über ihre Mutter war Servilia aber auch mit dem Geschlecht der Porcier verwandt, deren Angehörige im Senat als schärfste Widersacher der Popularen auftraten. In erster Ehe mit Cato d. J. verheiratet, wurde sie später die Frau von Iunius Silanus, der 62 das Konsulat bekleidete. Seit 63 unterhielt Servilia ein Verhältnis mit Caesar, auf dessen politische Entscheidungen sie Einfluss nahm. Wie es hieß, soll Caesar der leibliche Vater von Servilias Sohn Brutus gewesen sein; ihr Todesjahr ist nicht überliefert.

Sulla. Lucius Cornelius Sulla, Spross einer alten Patrizierfamilie, nahm am Krieg gegen Iugurtha in Numidien und an den weiteren Feldzügen des Marius teil, kämpfte im Bundesgenossenkrieg und wurde 88 zum Konsul gewählt. In dieser Funktion erhielt er vom Senat den Oberbefehl im Krieg gegen Mithridates. Da auch Marius dieses Kommando für sich beanspruchte, setzte Sulla sich an der Spitze von zehn Legionen von Capua aus Richtung Rom in Marsch und nahm die Stadt ein. Nachdem er die Vorherrschaft der Optimaten wiederhergestellt hatte, begab Sulla sich auf den Feldzug gegen Mithridates, den er aus Griechenland vertrieb, um seine Legionen anschließend nach Kleinasien zu führen. In Rom waren unterdessen die Popularen wieder an die Macht gelangt, so dass Sulla erst nach zwei Jahren Bürgerkrieg und der blutigen Schlacht an der Porta Collina als Sieger in die Stadt einzog. Zum Diktator ernannt, ließ er zahlreiche Gegner aus Senat und Ritterstand auf Proskriptionslisten setzen. Darüber hinaus legte er Gesetze vor, die die Macht der Optimaten stärkten, die Befugnisse der Volksversammlung und die Rechte der Volkstribunen dagegen beschnitten. 80 v. Chr. wurde er erneut zum Konsul gewählt. Zu einem umstrittenen Zeitpunkt legte er die Diktatur nieder und zog sich nach Kampanien ins Privatleben zurück. Sulla starb 78 v. Chr., seine Leichenfeier wurde mit großem Pomp in der Hauptstadt begangen.

Varro. Marcus Terentius Varro, geb. 116, war ein ausgesprochen produktiver und vielseitig interessierter Autor und Gelehrter, von seinen umfangreichen Schriften blieben jedoch nur sechs Bücher aus einem Werk über die lateinische Sprache (*De lingua latina*) und eine Cicero gewidmete Abhandlung *Über den Landbau* erhalten. Politisch war Varro seit der Zeit des »ersten Triumvirats« ein Gegner Caesars, er kämpfte im Bürgerkrieg auf der Seite des Pompeius in Spanien und musste sich 48 den Truppen Caesars ergeben, wurde von diesem aber unverzüglich begnadigt und 47 mit der Einrichtung von Roms erster öffentlicher Bibliothek betraut. Obschon Antonius ihn 43 auf die Proskriptionsliste setzen ließ, kam Varro mit dem Leben davon und starb hochbetagt im Jahr 27 v. Chr.

Vercingetorix. Der Fürst der Arverner, deren Siedlungsgebiet in der heutigen Auvergne lag, setzte sich an die Spitze des 52 ausgebrochenen Aufstandes der Gallier. Nach wechselvoll verlaufenen Kämpfen gegen die römischen Invasoren schließlich in Alesia eingeschlossen, kapitulierte Vercingetorix nach langer Belagerung. Caesar ließ ihn im Jahr 46 im Triumphzug mitführen und anschließend hinrichten.

Die Quellen

Appian. An der Schwelle zum 2. Jh. n. Chr. in Alexandria geboren, lebte Appian unter der Herrschaft der Antoninenkaiser in Rom. Seine auf Griechisch verfasste, von den Anfängen bis in die Zeit Vespasians reichende *Römische Geschichte* ist nach den einzelnen Völkern in der Reihenfolge ihrer Unterwerfung durch die Römer aufgebaut. Fünf der insgesamt 24 Bücher betreffen die späte Republik von den Gracchen bis zum Sieg des Octavian über Antonius. Appian wertet darin unter anderem das Geschichtswerk des Asinius Pollio aus, der unmittelbar an den Geschehnissen beteiligt war.

Caesar. Wichtigste Quelle zu Caesars Leben sind die von ihm selbst verfassten Berichte über die Eroberung Galliens (*Commentarii de bello Gallico*, von Caesars Gefolgsmann Hirtius um ein achtes Buch ergänzt) und über die Auseinandersetzung mit Pompeius (*Commentarii de bello civili*). Schon Cicero bescheinigte den *Commentarii*, aber auch Caesars nicht erhaltenen Reden, stilistische Eleganz und Reinheit des Sprachgebrauchs. Caesars Jugendschriften – eine Kurzdichtung auf Herakles, eine Tragödie *Oedipus* sowie eine Sentenzensammlung – wurden auf Geheiß des Augustus von der Veröffentlichung zurückgehalten.

Cassius Dio. Der um 180 n. Chr. in Nikaia in Bithynien geborene Spross einer Senatorenfamilie bekleidete zweimal das Konsulat. Seine *Römische Geschichte* in 80 Büchern ist in griechischer Sprache verfasst und reicht von der Landung des Aeneas in Italien bis in die Zeit des Verfassers. Die Bücher mit der Darstellung der Lebenszeit Caesars und des Bürgerkrieges sind vollständig erhalten und bilden eine wichtige Quelle für die Biographie des Diktators.

Cicero. Vor allem die *Reden gegen Catilina* enthalten wichtige Informationen über die Jahre von Caesars politischem Aufstieg. In der im Jahr 56 nach der Rückkehr aus dem Exil entstandenen *Rede gegen Piso* geißelt Cicero das Verhalten von Caesars Schwiegervater Calpurnius

Piso Caesoninus, Konsul des Jahres 58, dem er vorhält, nichts gegen das Gesetzesdekret unternommen zu haben, durch das Clodius die Verbannung Ciceros erwirkte. Im selben Jahr spricht Cicero sich in der *Rede über die prokonsularischen Provinzen* jedoch für die Verlängerung von Caesars Prokonsulat in Gallien um weitere fünf Jahre aus. Nach der Ermordung des Popularenführers Clodius übernahm Cicero die Verteidigung des der Tat angeklagten Milo; offenbar kam er aber nicht einmal dazu, die vorbereitete Rede zu halten. In den Jahren der Diktatur hielt Cicero mehrere unmittelbar an Caesar gerichtete Prozessreden. In den Wirren nach Caesars Tod entstanden Ciceros *Philippische Reden* gegen Antonius, dessen Feindschaft ihm schließlich den Kopf kosten sollte. Einen reichen Fundus an Kenntnissen über die Geschehnisse seiner Zeit bieten auch Ciceros an Atticus, an seinen Bruder Quintus und an andere Empfänger gerichtete Briefe.

Plutarch. Um 46 n. Chr. in Chaironeia in Böotien geboren und um 120 dort auch gestorben, verfasste Plutarch zahlreiche Schriften, darunter 24 *Doppelbiographien*; in ihnen stellt er Persönlichkeiten der griechischen solchen der römischen Geschichte gegenüber, für die Zeit Caesars sind neben dessen Vita die Lebensbeschreibungen von Pompeius, Cicero, Cato, Antonius und Brutus zu nennen.

Sueton. C. Suetonius Tranquillus wurde 70 n. Chr. als Spross einer Familie aus dem Ritterstand geboren. Von 119 bis zu seiner Amtsenthebung im Jahr 121 bekleidete er das Amt des kaiserlichen Sekretärs (*ab epistulis*) unter Hadrian. In dieser Zeit hatte Sueton Zugang zu den kaiserlichen Archiven, was seinen frühen *Kaiserviten* einen besonderen historischen Wert verleiht, da sie Nachrichten enthalten, die nur dort zu finden sind. Suetons insgesamt 12 Herrscherbiographien beginnen mit der Lebensbeschreibung Caesars, den der Historiker als ersten in der Reihe der römischen Kaiser betrachtet.

Tacitus. Geboren im Jahr 56/57 n. Chr., verfasste P. Cornelius Tacitus im Anschluss an mehrere kleinere Schriften das insgesamt 19 Bücher umfassende Geschichtswerk der *Annalen*. Dort geht er mehrfach auf Caesars Feldzüge in Gallien ein (ebenso in der *Germania*). Tacitus, der immer wieder den Verlust der republikanischen Freiheit nach Errichtung des Prinzipats unter Augustus beklagt, vermittelt wichtige Eindrücke vom Caesarbild der frühen Kaiserzeit.

Literaturverzeichnis

Aus der nahezu unübersehbaren Literatur über Caesars Leben und seine Zeit seien genannt: J. Carcopino, *Jules César*, Paris 1935 (zit. nach der italienischen Ausgabe *Giulio Cesare*, Mailand 2001); J. C., »Autour de César«, in: *Profils de conquérants*, Paris 1961, S. 241–355; R. Syme, *Die römische Revolution*, revidierte Neuausgabe Stuttgart 2003 (Original: *The Roman Revolution*, Oxford 1939); M. Gelzer, *Caesar der Politiker und Staatsmann*, Stuttgart/Berlin 1941 (Ndr. Wiesbaden [6]1960); H. Strasburger, »Caesar im Urteil seiner Zeitgenossen«, in: *Historische Zeitschrift* 175 (1953), S. 225–264 (als Einzelschrift: Darmstadt 1968); Chr. Meier, *»Res publica amissa«. Eine Studie zur Verfassung und Geschichte der späten römischen Republik*, Wiesbaden 1966; D. Rasmussen (Hrsg.), *Caesar*, Wege der Forschung XLIII, Darmstadt 1968; Chr. Meier, *Caesar*, München 1986 (zuerst: Berlin 1982); Z. Yavetz, *Julius Caesar and His Public Image*, London 1983; A. Alföldi, *Caesariana. Gesammelte Aufsätze zur Geschichte Caesars und seiner Zeit*, Bonn 1984; P. A. Brunt, *The Fall of the Roman Republic and Related Essays*, Oxford 1988; W. Will, *Julius Caesar. Eine Bilanz*, Stuttgart 1992; K. Christ, *Caesar. Annäherungen an einen Diktator*, München 1994; M. Jehne, *Caesar*, München 1997; L. Canfora, *Caesar, der demokratische Diktator*, München 2001 (Original: *Giulio Cesare. Il dittatore democratico*, Rom/Bari 1999); M. Jehne, *Der große Trend, der kleine Sachzwang und das handelnde Individuum. Caesars Entscheidungen*, München 2009. Historiographisches Interesse verdient der von Napoleon III. verfasste Abriss des Gallischen Krieges *Précis des guerres de César, écrit par M. Marchand sous la dictée de l'Empereur (1819)*, Paris 1836 und seine *Histoire de Jules César*, Paris 1866 sowie C. Jullian, *Histoire de la Gaule*, III, Paris [5]1920. Nicht unerwähnt bleiben darf Bertolt Brechts *Die Geschäfte des Herrn Julius Caesar* von 1957.

Eine Jugend in unruhigen Zeiten

Vornehme Herkunft
J. Carcopino, *Giulio Cesare*, S. 11ff. (Jugend und Erziehung); G. Zecchini, *Cesare e il »mos maiorum«*, Historia, Einzelschriften, H. 151, Stuttgart 2001, S. 117–135; T.R.S. Broughton, »The ›Elogia‹ of Julius Caesar's Father«, in: *American Journal of Archeology* 52 (1948), S. 323ff.; hierzu auch G. Zecchini, »Gli scritti giovanili di Cesare e la censura di Augusto«, in: *La cultura di Cesare*, I, Rom 1993, S. 191–205 (Verbot der Veröffentlichung von Caesars Jugendwerken durch Augustus).

Heirat und Priesteramt
M. Leone, »Il problema del flaminato di Cesare«, in: *Studi Manni*, Rom 1975, S. 193–212 (Caesar im Amt des *flamen Dialis*).

Die Verfolgung unter Sulla
A. Keaveney, *Sulla. The Last Republican*, London [2]2005 (zuerst: 1982); J. Fündling, *Sulla*. Darmstadt 2010; F. Hinard, *Sylla*, Paris 1985, S. 212–213 (Sullas Rückkehr nach Rom und die Folgen für Caesar); L.R. Taylor, »Caesar's Early Career«, in: *Classical Philology* 36 (1941), S. 113ff. (Beginn der Ämterlaufbahn); A.M. Ward, »Caesar and the Pirates«, in: *American Journal of Ancient History* 2 (1977), S. 26–36 (Gefangenschaft bei den Piraten); L. Labruna, *Il console sovversivo*, Neapel 1975 (Lepidus).

Die Anfänge der politischen Karriere

Beginn der militärischen und zivilen Ämterlaufbahn
L.A. Burckhardt, *Politische Strategien der Optimaten in der späten römischen Republik*, Stuttgart 1988 (Optimatenpartei zur Zeit von Caesars Eintritt in die Politik); K. Raaflaub, *»Dignitatis contentio«*, München 1975 (grundlegend zur Rolle der Optimaten); D.R. Shack-

leton Bailey, *Cicero*, London 1971 (zu Cicero); T.R.S. Broughton, »More Notes on Roman Magistrates, 1: A Legateship of Julius Caesar«, in: *Transactions of the American Philological Association* 78 (1948), S. 63–67 (Militärtribunat); P. Desideri, »Mitridate e Roma«, in: A. Schiavone (Hrsg.), *Storia di Roma*, I: *L'impero mediterraneo*, 1: *La repubblica imperiale*, Turin 1990, S. 725 ff. (Mithridates); O. Weippert, *»Alexander-imitatio« und römische Politik in republikanischer Zeit*, Augsburg 1972 (Proprätor in Spanien, Alexander-Nachahmung und Traumgesicht Caesars); L. Braccesi, »Cesare e l'›imitatio Alexandri‹«, in: L.B., *Alessandro e la Germania*, Rom 1991, S. 11–26 (auch in *La cultura di Cesare*, I, S. 149–162); Z. Yavetz, *Plebs and Princeps*, Oxford 1969 (Caesars Verhältnis zur römischen Plebs im Amt des Aedil); H. Brenner, *Die Politik des P. Clodius Pulcher. Untersuchungen zur Denaturierung des Klientelwesen in der ausgehenden römischen Republik*, Historia, Einzelschriften, H. 50, Stuttgart 1987, S. 77 ff. (vgl. W. Will, *Der römische Mob. Soziale Konflikte in der späten Republik*, Darmstadt 1991); A. Nippel, *Aufruhr und »Polizei« in der römischen Republik*, Stuttgart 1988, S. 77; S. Treggiari, »Urban Labour in Rome: ›mercenarii‹ and ›tabernarii‹«, in: P. Garnsey (Hrsg.), *Non-Slave Labour in the Greco-Roman World*, Cambridge 1980, S. 48 ff. (Fehlen eines echten Arbeitsmarktes im spätrepublikanischen Rom); C.R. Whittaker, »Il povero«, in: A. Giardina (Hrsg.), *L'uomo romano*, Rom/Bari 1989, S. 301 ff.; L. Canfora, *Caesar*, S. 29 f. (Leichenrede auf Iulia); Chr. Meier, *Caesar*, S. 191 (Wiederaufrichtung der Siegeszeichen des Marius).

Caesar und die Verschwörung des Catilina

G. Huber, *Untersuchungen zu Caesars Oberpontifikat*, Tübingen 1971; S. Weinstock, *Divus Julius*, Oxford 1971, S. 31; E.S. Gruen, »Notes on the ›First Catilinarian Conspiracy‹«, in: *Classical Philology* 64 (1969), S. 20 ff. (zu den »beiden« Verschwörungen des Catilina in den Jahren 65 und 63); C. Nicolet, »›Amicissimi Catilinae‹ (à propos du ›Commentariolum petitionis‹)«, in: *Révue des études anciennes* 50 (1972), S. 163–186 (zweite Catilinarische Verschwörung); E.J. Philipps,

»Catiline's Conspiracy«, in: *Historia* 25 (1976), S. 441–448; S. Mazzarino, *Il pensiero storico classico*, II, 1, Bari 1966, S. 377 ff. (dort auch zur Objektivität der Schilderung bei Sallust); aus der umfangreichen Literatur über die Verschwörung des Jahres 63 sei hier nur auf folgende Titel verwiesen: B. A. Marshall, »Cicero and Sallust on Crassus and Catiline«, in: *Latomus* 33 (1974), S. 804–813; J. Carcopino, *Giulio Cesare*, S. 153 ff.; L. Canfora, *Caesar*, S. 51 ff.; Chr. Meier, *Caesar*, S. 212 ff. Die Rekonstruktion der Ereignisse durch A. Piganiol findet sich in *La conquête romaine*, Paris 1967 (zitiert nach der italienischen Ausgabe *Le conquiste dei Romani*, Mailand 1971, S. 453 ff.); R. Syme, *Die römische Revolution*, S. 39 f. (Forderung nach Rückberufung des Pompeius aus Kleinasien).

Die Prätur

Der »Bona-Dea«-Skandal

Ph. Moreau, *Clodiana religio*, Paris 1982; T. W. Hillard, »P. Clodius Pulcher 62–58 B. C.: ›Pompeii adfinis et sodalis‹«, in: *Papers of the British School at Rome* 50 (1982), S. 34–44; H. Brenner, *Die Politik des P. Clodius Pulcher*, S. 38 ff. (*Bona-Dea*-Skandal); J. Carcopino, *Autour de César*, S. 388 ff. (zur Rolle und Persönlichkeit Servilias).

Als Proprätor in Spanien

M. W. Frederiksen, »Caesar, Cicero and the Problem of Debt«, in: *Journal of Roman Studies* 55 (1966), S. 128 ff. (zum Schuldenproblem); S. Weinstock, *Divus Julius*, S. 60 (Ausrufung zum Imperator für die Siege in Spanien).

Das »erste Triumvirat«

Geheime Absprachen

P. A. Brunt, »›Amicitia‹ in the Late Roman Republic«, in: *Papers of the British School at Rome* 11 (1965), S. 1–20; E. Lepore, »La decisione politica e l'›auctoritas‹ senatoria: Pompeo, Cicerone, Cesare«, in: A. Schiavone (Hrsg.), *Storia di Roma, I: L'impero mediterraneo, 1: La repubblica imperiale*, Turin 1990, S. 773 ff.; J. Carcopino, *Giulio Cesare*, S. 220 ff.; L. Canfora, *Caesar*, S. 72 ff.; Chr. Meier, *Caesar*, S. 241 ff.; M. Gelzer, *Pompeius*, München ²1949; R. Seager, *Pompeius: A Political Biography*, Oxford 1979 (²2008 als *Pompey the Great*); P. Greenhalgh, *Pompey, the Roman Alexander*, London 1980; E. Lepore, *Il »princeps« ciceroniano e gli ideali politici della tarda repubblica*, Neapel 1954 (Pompeius' politische Ideale); A. Garzetti, »Marco Licinio Crasso«, in: *Athenaeum* 20 (1942), S. 12–49; ebd., 22–23 (1944–45), S. 41–114 u. S. 1–62; A. M. Ward, *Marcus Crassus and the Late Roman Republic*, Columbia 1977.

Das Konsulat

L. Pareti, *Storia di Roma e del mondo romano*, III, Turin 1953, S. 861–867; F. De Martino, *Storia della costituzione romana*, Neapel ²1973, S. 166–173 (die in Caesars Konsulat erlassenen Gesetze); zu Caesars Konsulat: J. Carcopino, *Giulio Cesare*, S. 221 ff.; L. Canfora, *Caesar*, S. 87 f.; Chr. Meier, *Caesar*, S. 256 ff.; siehe auch G. Zecchini, »L'opposizione a Cesare nel 59 a. C. nella storiografia ottimate«, in: *Contributi dell'Istituto Storia antica dell'Università cattolica di Milano* 5 (1978), S. 98 ff. Siehe auch: L. R. Taylor, »Cesar's Agrarian Legislation and His Municipal Policy«, in: *Studies in Roman Economic and Social History in Honor of A. C. Johnson*, Princeton 1951, S. 68 ff.; Chr. Meier, »Zur Chronologie und Politik in Caesars erstem Konsulat«, in: *Historia* 10 (1961), S. 68 ff.; A. Fraschetti, »La ›pietas‹ di Cesare e la colonia di Pola«, in: *Annali di Archeologia e Storia Antica del Dipartimento di Studi del Mondo Classico e del Mediterraneo Antico dell'Istituto Universitario Orientale di Napoli* 5 (1983), S. 91–93 (zur Errichtung einer Kolonie in Capua durch Calpurnius Piso); siehe auch M. Frederiksen, *Roman Campania*, hrsg. von N. Purcell, Hertford 1984, S. 265 ff.; Fr. Vittinghoff, *Römische Kolonisation und Bürgerrechtspolitik unter Caesar und Augustus*, Wiesbaden 1952, S. 1296.

Die Zuweisung der Provinzen

A. Giardina, *L'Italia romana. Storia di un'identità incompiuta*, Rom/Bari 1997, S. 139 ff. (Wald- und Bergland als Gegenbild zur städtischen Kultur); J. Carcopino, *Giulio Cesare*, S. 231 (wonach es sich bei den *provinciae* um zwei Provinzen im Süden Italiens handelte); M. Gelzer, »Die ›lex Vatinia de imperio Caesaris‹«, in: *Hermes* 63 (1928), S. 113 ff. (auch in: *Kleine Schriften* 2, Wiesbaden 1963, S. 206 ff.) (Gesetzesvorschlag des Vatinius); A. Nippel, *Aufruhr und »Polizei«*, S. 110 ff. (vier Gesetze des Clodius).

Der Gallische Krieg

Caesars »De bello Gallico«

G. Pascucci, »I mezzi espressivi e stilistici di Cesare nel processo di deformazione storica dei ›Commentarii‹«, in: *Studi classici e orientali* 6 (1957), S. 134 ff. (auch in: *Scritti scelti* 2, Florenz 1983, S. 717–759); O. Seel, *C. Iulii Caesaris Commentarii, I: Bellum Gallicum*, Leipzig 1961; L. Canali, *Personalità e stile di Cesare*, Rom ²1966; M. Rambaud, *L'art de la déformation historique dans les Commentaires de César*, Paris ²1966; J. Harmand, *Une composante scientifique du »Corpus Caesarianum«: le portrait de la Gaule dans le »De bello Gallico« I–VII*, in: *Aufstieg und Niedergang der römischen Welt*, hrsg. von H. Temporini und W. Haase, I, 3, Berlin / New York 1973, S. 523 ff.; L. Loreto, »Pensare la guerra in Cesare«, in: *La cultura di Cesare*, I, S. 239 ff.; J.H. Michel, »Le ›Bellum Gallicum‹ et le système romain de la guerre«, in: *Studia varia Bruxellensia* 3, Louvain 1994, S. 123–137; M. Sordi, »La conquista della Gallia e il progetto politico di Cesare«, in: *Studi Garzetti*, Brescia 1996, S. 469 ff. Concetto Marchesis Urteil über Caesar als Autor der Commentarii in: *Disegno storico della letteratura latina*, Mailand/Messina ⁶1967, S. 146, vgl. dagegen L. Canfora, *Caesar*, S. 127 ff.; A. Demandt, *Die Kelten*, München 1998.

Der Ausbruch des Krieges: die Helvetier

E. Taubler, »*Bellum Helveticum*«, *eine Caesarstudie*, Zürich 1924; J.J. Le Hatte, *Histoire de la Gaule romaine*, Paris 1966, S. 55–56; L. Pareti, »Quanti erano i Belgi ai tempi di Cesare?«, in: *Athenaeum* 21 (1943), S. 68 (Bevölkerungszahl der Helvetier im Jahr 57); L. Blondel, Le retranchement de César sur le Rhône, in: *Genava* 23 (1945), S. 44ff. (Verteidigung der Provinz Gallia Narbonensis); N. Loraux, *La cité divisée*, Paris 1997; P. Jal, *La guerre civile à Rome*, Paris 1963 (Parteienzwist in der griechischen und römischen Gesellschaft); C. Jullian, *Histoire de la Gaule*, III, S. 229ff. (erster Einfall Ariovists in Gallien); S. Mazzarino, *Il pensiero storico*, II, 1, S. 202ff. (Sallusts irrtümliche Bezeichnung von Kimbern und Teutonen als Gallier gegenüber Caesars Unterscheidung von Germanen und Galliern); G. Zecchini, *I druidi e l'opposizione celtica a Roma*, Milano 1984 (Rolle der Druiden); P.M. Duval, *Les dieux de la Gaule*, Paris 1957 (Götterkult der Kelten); R. Syme, »The Alliance of Labienus«, in: *Journal of Roman Studies* 28 (1938), S. 113–125 (auch in *Roman Papers*, I, Oxford 1979, S. 62–75); M. Gelzer, »Der Antrag des Cato Uticensis, Caesar den Germanen auszuliefern«, in: *Festgabe P. Kirn*, München 1961, S. 46–53; J. Scheid, *La religione a Roma*, Rom/Bari 1983, S. 50 (Siegesfeiern für Caesar in Rom).

Der Krieg gegen Belger und Veneter

P. Merlat, »Les Vénètes d'Armorique, problème d'histoire et d'administration«, in: *Mémoires de la Société historique et archéologique de Bretagne* 39 (1959), S. 5–40 (Krieg gegen Veneter und Belger); vgl. auch J. Carcopino, *Giulio Cesare*, S. 268ff.; Chr. Meier, *Caesar*, S. 301ff.

Ariovist

G. Zecchini, »Movimenti migratori interceltici«, in: *Contributi dell'Istituto Storia antica dell'Università cattolica di Milano* 20 (1994), S. 253ff. (Rheinüberquerung von Usipetern und Tencterern, ausgelöst durch Migrationsdruck der Sueben); H. Bernhardt, »Die römische Geschichte in Rheinland-Pfalz«, in: *Die Römer in Rheinland-Pfalz*, Stuttgart 1990, S. 39 ff. (Siedlungsgebiete der Sueben); A. Grisart, »César dans l'est de la Belgique«, in: *Les études classiques* 28 (1960), S. 129 ff. (Niederlage der Nervier); E. Thévenot, »Les importations vinaires en pays bourguignon«, in: *Révue archéologique de l'Est* 4 (1953), S. 224 ff. (gallischer Weinhandel); M. Durry, »Les femmes et le vin«, in: *Révue des études latines* 33 (1955), S. 108–113, und M. Bettini, »Le donne romane, che non bevono vino«, in R. Raffaelli (Hrsg.), *Vicende e figure femminili in Grecia e a Roma*, Ancona 1995, S. 531–536 (Weinverbot für römische Frauen).

Die Expedition nach Britannien

C. Hawkes, »Britain and Julius Caesar«, in: *Proceedings of the British Academy* 63 (1977), S. 125–192; G. Zecchini, »I confini occidentali dell'impero romano: la Britannia da Cesare a Claudio«, in: *Contributi dell'Istituto Storia antica dell'Università cattolica di Milano* 13 (1987), S. 247–259; A. Haury, »Un débarquement saboté? Première bataille de Grande Bretagne août 55 av. J.C.«, in: *Latomus* 29 (1970), S. 638–660 (erste Landung in Britannien); C. Ampolo, »Servius rex primus aes signavit«, in: *La Parola del Passato* 29 (1974), S. 200 ff. (Geldgebrauch in Britannien und altrömisches *aes signatum*); R. Thomsen, *King Servius Tullius*, Kopenhagen 1980, S. 204 ff. (Barrengeld unter Servius Tullius); B. Malinowski, *Argonauts of the Western Pacific*, London 1922 (dt.: *Argonauten des westlichen Pazifik*, Frankfurt a. M. 1984, Ndr. Magdeburg 2001); C. Lévi-Strauss, *Tristes tropiques*, Paris 1955 (dt.: *Traurige Tropen*, Köln 1982, Ndr. Frankfurt a. M. 1996); G. Zippel, *Die römische Herrschaft in Illyrien bis auf Augustus*, Leipzig 1877 (Ndr. Aalen 1974), S. 183 (Illyrien zur Zeit Caesars); Ph.-St. Freber, *Der hellenistische Osten und das Illyricum unter Caesar*, Stuttgart 1993.

Der Vertrag von Luca

Clodius' Tribunat und Ciceros Exil

I. Tantillo, *L'imperatore Giuliano*, Rom/Bari 2001, S. 64ff. (Iulian in Gallien); W. Nippel, »Die ›plebs urbana‹ und die Rolle der Gewalt in der späten römischen Republik«, in H. Mommsen / W. Schulze (Hrsg.), *Vom Elend der Handarbeit*, Stuttgart 1981, S. 70ff. (Clodius' Banden); W.N., *Aufruhr und »Polizei«*, S. 108ff.; vgl. A.W. Lintott, »P. Clodius Pulcher, Felix Catilina?«, in: *Greece and Rome* 14 (1967), S. 157ff.; J.-M. Flambard, »Clodius, les collèges, la plèbe et les esclaves. Recherches sur la politique populaire au milieu du Ier siècle«, in: *Mélanges de l'École française de Rome* 89 (1977), S. 115–153; T.W. Hillard, *P. Clodius Pulcher 62–58 B.C.*, S. 34ff.; H. Brenner, *Die Politik des P. Clodius Pulcher*; vgl. hierzu J. Briscoe, in: *Gnomon* 60 (1988), S. 659–661; W.J. Tatum, *The Patrician Tribune Publius Clodius Pulcher*, Chapel Hill 1999; F. Favory, »Classes dangereuses et crise de l'état dans le discours polémique cicéronien de 57 à 52«, in: *Textes, politique, idéologie: Cicéron*, Paris 1976, S. 109ff. (zum Vorwurf gegen Clodius, er rekrutiere seine Anhänger aus der Sklavenschaft); L. Loposzko, »Clodio e gli schiavi«, in: *Acta Classica Universitatis Scientiarum Debrecensis* 21 (1985), S. 43ff.; M.H. Crawford, bei Ph. Moreau, »La ›lex Clodia‹ sur le bannissement de Cicéron«, in: *Athenaeum* 65 (1987), S. 467, Anm. 5 (Claelius' Wirken als Sekretär); G. Picard, »L'›aedes Libertatis‹ de Clodius au Palatin«, in: *Révue des études latines* 43 (1965), S. 229–237 (Umwandlung von Ciceros Haus in ein Heiligtum der Libertas); hierzu auch E. Papi, in: *Lexicon Topographicum Urbis Romae*, III, Rom 1996, S. 188–189; M. Gelzer, *Pompeius*, S. 146 (Faszienbündel für Pompeius); E. Lepore, »La decisione politica«, S. 874 (Senatsbeschluss des Jahres 52); J. Carcopino, *Giulio Cesare*, S. 363 (Milos Exil in Massilia).

Der Pakt der Mächtigen

J. Carcopino, *Giulio Cesare*, S. 296–297 (Eintreffen der Delegationen in Luca); R. Syme, »A Roman Post-Mortem: An Inquest on the Fall of the Roman Republic«, in: *Todd Memorial Lecture*, 3, Sydney 1950 (auch in: *Roman Papers*, I, Oxford 1979, S. 205 ff.) (Ende des ersten Triumvirats); vgl. E. S. Gruen, »Pompey, The Roman Aristocracy and the Conference of Luca«, in: *Historia* 18 (1969); D. Timpe, »Die Bedeutung der Schlacht von Carrhae«, in: *Museum Helveticum* 19 (1962), S. 104–129 (Crassus' gescheiterter Partherfeldzug).

Die Fortsetzung des Gallischen Krieges

Erhebung der Gallier
J. Carcopino, *Giulio Cesare*, S. 327 ff. (Gallieraufstand); L. Canfora, *Caesar*, S. 120 ff.; Chr. Meier, *Caesar*, S. 360 ff.; A. Grisart, »César dans l'est de la Belgique«, in: *Les études classiques* 23 (1960), S. 129 ff. (Schlacht gegen die Eburonen).

Der Aufstand unter Vercingetorix
C. Jullian, *Histoire de la Gaule*, III, S. 532 (Vercingetorix als Held des gallisch-germanischen Unabhängigkeitskampfes); J. B. Colbert de Beaulieu, »Épilogue numismatique sur la question d'Alésia«, in: *Mélanges Piganiol*, Paris 1966, S. 331–342 (Ortsbestimmung Alesias); P.-F. Labrousse, »Fouilles de Gergovie«, in: *Gallia* 6 (1948), S. 31 ff. (gescheiterte Belagerung von Gergovia); J. Carcopino, *Giulio Cesare*, S. 329 ff.; L. Canfora, *Giulio Cesare*, S. 126–127; Chr. Meier, *Caesar*, S. 384 ff. (Fortgang des Krieges bis zur Belagerung Alesias); M. Sordi, »La fine di Vercingetorige«, in: *La Parola del Passato* 8 (1953), S. 17–25; J. Carcopino, *Alésia et les ruses de César*, Paris 1958; J. Harmand, *Une campagne césarienne. Alésia*, Paris 1967 (Eroberung Alesias); L. Canfora, *Caesar*, S. 123 (Würdigung von Vercingetorix' Verhalten angesichts der Niederlage).

Der kalte Herbst der Republik

Tod Iulias und Ermordung des Clodius
F. Coarelli, in: *Lexicon Topographicum Urbis Romae*, IV, Rom 1999, S. 291 (Iulias Bestattung auf dem Marsfeld); F. Dupont, *L'affaire Milon. Meurtre sur la voie Appienne*, Paris 1987 (Clodius' Ermordung durch Milo); B.A. Marshall, *A Historical Commentary on Asconius*, Columbia 1985, S. 169 (Clodius' Einäscherung in der Kurie); Y. Thomas, »Se venger au Forum. Solidarité familiale et procès criminel à Rome«, in: *La vengeance. Vengeance, pouvoirs et idéologies dans quelques civilisations de l'Antiquité*, Paris 1984, S. 71 (Fulvias Rolle); A.W. Lintott, *Violence in Republican Rome*, Oxford 1968, S. 198ff. (Angriff auf Milos Haus).

Neue Abkommen zwischen Caesar und Pompeius
J. Andreau / H. Bruhns (Hrsg.), *Parenté et stratégies familiales dans l'antiquité romaine*, Rom 1990 (politische Eheallianzen im antiken Rom); R. Syme, *Die römische Revolution*, S. 44f.; E. Lepore, *Il »princeps« ciceroniano*; J. Béranger, *Recherches sur l'aspect idéologique du principat*, Genf 1953 (Pompeius' Bestellung zum *consul sine collega* und Ciceros Ideal des *princeps*); J. Carcopino, *Giulio Cesare*, S. 361ff.; L. Canfora, *Caesar*, S. 135ff.; Chr. Meier, *Caesar*, S. 398f.

Auf dem Weg zum Bürgerkrieg

Zuspitzung der Lage
M. Reinhold, *From Republic to Principate: An Historical Commentary on Cassius Dio's Roman History, 6: Books 49–52 (36–29 B.C.)*, Oxford 1988; M.-L. Freyburger, *Dion Cassius. Histoire romaine. Livres 48 et 49*, Paris [2]2002; J.-M. Roddaz, *Dion Cassius. Histoire romaine. Livres 50 et 51*, Paris 1991 und E. Noè, *Commento storico a Cassio Dione LIII*, Como 1994 (zur Darstellung des Bürgerkriegs bei Cassius Dio); C.B.R. Pelling, *Plutarch. Life of Antony*, Cambridge 1988; S. Mazzarino, *Il pensiero storico*, II, 1, S. 398ff. (Appian als Quelle für die Ge-

schichte des Bürgerkriegs); E. Pichon, *Les sources de Lucain*, Paris 1912 (Lukan); R. Syme, *Die römische Revolution*, S. 48f.; J. Carcopino, *Giulio Cesare*, S. 363; L. Canfora, *Caesar*, S. 152f. (Cassius' und Antonius' Flucht in Caesars Lager); F. De Martino, »Il conflitto giuridico tra Cesare e il senato«, in: *Cesare nel bimillenario della morte*, Rom 1956, S. 177ff. (Widerstand des Sentas gegen eine Kandidatur Caesars für das Konsulat des Jahres 48); J. Carcopino, *Giulio Cesare*, S. 368ff.; L. Canfora, *Caesar*, S. 148ff.; L. Loreto, »Le carte di Irzio, le carte di Cesare, Oppio e i suoi servizi segreti: la genesi sui ›commentarii‹ sulla ›lunga guerra civile‹«, in: L. Loreto (Hrsg.), *Pseudo-Cesare*, Mailand 2001, S. 7ff.; Chr. Meier, *Caesar*, S. 401ff.; H. Aigner, *Die Soldaten als Machtfaktor in der ausgehenden römischen Republik*, Innsbruck 1974; L. De Blois, *The Roman Army and Politics in the First Century B.C.*, Amsterdam 1987; R.F. Rossi, *Marco Antonio nella lotta politica del suo tempo*, Triest 1959, S. 13; G. Traina, *Marco Antonio*, Roma/Bari 2003, S. 25 (Antonius' Flucht zu Caesar); D.R. Shackleton Bailey, »The Credentials of L. Caesar and L. Roscius«, in: *Journal of Roman Studies* 50 (1960), S. 80–83 (Roscius bei Caesar).

Die Überschreitung des Rubikon

M.H. Ottmer, *Die Rubikon-Legende. Untersuchungen zu Caesar und Pompeius' Strategie vor und nach Ausbruch des Bürgerkrieges*, Boppard am Rhein 1979; N. Berti, »Il Rubicone, confine religioso e politico, e l'inizio della guerra civile tra Cesare e Pompeo«, in: *Contributi dell'Istituto Storia antica dell'Università cattolica di Milano* 23 (1987), S. 212–233; L. Aigner Foresti, »Gli Etruschi e la politica di Cesare«, in: *L'ultimo Cesare*, Rom 2000, S. 11ff. (Eroberung Etruriens durch Antonius); R. Syme, *Die römische Revolution*, S. 38ff. (Picenische Klientelstädte des Pompeius); E. Gabba, *Appiano e la storia delle guerre civili*, Florenz 1956, S. 31; A. Wallace-Hadrill, »Patronage in Roman Society: from Republic to Empire« und T. Johnson / C. Dandeker, »Patronage: Relation and System«, in: A. Wallace-Hadrill (Hrsg.), *Patronage in Ancient Society*, London / New York 1990, S. 63ff. und S. 219ff. (Klientelpflichten).

Der Bürgerkrieg

Von Rom nach Brundisium

S. Mazzarino, *Il pensiero storico,* II, 1, S. 195–196 (Lentulus Crus und sein geplanter Griff in die Staatskasse); M. Rambaud, *L'art de la déformation,* S. 140 (tendenziöse Darstellung der Einnahme von Brundisium bei Caesar); A. Burnes, »Pompey's Strategy and Domitius' Stand at Corfinium«, in: *Historia* 15 (1966), S. 74ff. (Pompeius' Strategie); J. Carcopino, *Giulio Cesare,* S. 510, Anm. 5; M. Rambaud, *L'art de la déformation,* S. 110 (Wahrhaftigkeit der Darstellung der Eroberung von Massilia bei Caesar); G. Nenci, »Le relazioni tra Marsiglia e Roma nella politica estera romana«, in: *Rivista di Studi liguri* 24 (1958), S. 24ff. (historische Verbindungen zwischen Massilia und Rom); N. Berti, *La guerra di Cesare,* S. 96ff. (zu Cassius Dios Version [*Römische Geschichte* 61, 42, 4], nach der Iuba selbst Curio tötete).

Auf dem Weg nach Pharsalos

M. Rambaud, »Le soleil de Pharsale«, in: *Historia* 3 (1955), S. 346ff.; Y. Béguignon, »Études Thessaliennes: Nouvelles observations sur le champ de bataille de Pharsale«, in: *Bulletin de correspondance hellénique* 84 (1960), S. 176ff.; J. Carcopino, *Giulio Cesare,* S. 448ff.; L. Canfora, *Caesar,* S. 185ff.; Chr. Meier, *Caesar,* S. 474ff. (Schlacht bei Pharsalos).

Von der Diktatur zum Diktator auf Lebenszeit

Caesars politische Pläne

E. Meyer, *Caesars Monarchie und das Principat des Pompejus,* Stuttgart/Berlin 1918; E. Lepore, *Il »princeps« ciceroniano*; E. L., »La decisione politica«, S. 759ff.; vgl. außerdem A. Alföldi, *Studien über Caesars Monarchie,* Lund 1953; V. Ehrenberg, »Caesar's Final Aims«, in: *Harvard Studies in Classical Philology* 70 (1964), S. 149–165; E. Rawson, »Caesar's Heritage: Hellenistic Kings and their Roman Equals«, in: *Journal of Roman Studies* 65 (1975), S. 148 ff.; G. Dobesch, *Caesars Apotheose zu Lebzeiten und sein Ringen um den Königstitel*, Wien 1968; M. Jehne, *Der Staat des Dictators Caesar*, Wien 1987; L. Canfora, *Caesar*, S. 280 ff.; Chr. Meier, *Caesar*, S. 543 ff. (Caesars politische Pläne); C. Nicolet, »La ›lex Gabinia-Calpurnia de insula Delo‹ et la loi ›annonaire‹ de Clodius«, in: *Comptes rendues de l'Académie des Inscriptions et Belles-Lettres* 1980, S. 260 ff.; C. Virlouvet, *Famines et émeutes à Rome des origines de la République à la mort de Néron*, Rom 1985, S. 15–16; M. Jehne, »Caesar und die Krise von 47 v. Chr.«, in: *L'ultimo Cesare*, S. 151 ff. (Unruhen des Jahres 47); R. F. Rossi, *Marco Antonio nella lotta politica*, S. 21; G. Traina, *Marco Antonio*, S. 30 ff. (Rolle des Antonius); C. Nicolet, *L'inventaire du monde*, Paris 1988, ital.: *L'inventario del mondo*, Rom/Bari 1989, S. 130–131 (Volkszählung); C. Vierlouvet, *Famines et émeutes*, S. 17–18 (Getreideverteilung); A. Alföldi, *Der Vater des Vaterlandes im römischen Denken*, Stuttgart 1971, S. 135; S. Winstock, *Divus Iulius*, S. 135; Z. Yavetz, *La plèbe et le prince*, S. 77 (quasireligiöse Dankbarkeit des Volkes); C. Vierlouvet, »Fulvia, la pasionaria«, in: A. Fraschetti (Hrsg.), *Roma al femminile*, Rom/Bari 1994, S. 77 ff. (Antonius' Ehe mit Fulvia); G. Traina, *Marco Antonio*, S. 35–36; M. W. Frederiksen, *Caesar, Cicero and the Problem of Debt*, S. 128 ff. (Schuldenproblem); Z. Yavetz, *César et son image*, S. 151 ff., dazu S. 98 ff. (u. a. zur *lex Iulia de collegiis*); S. Weinstock, *Divus Julius*, S. 241 ff.; Z. Yavetz, *César et son image*, S. 110–111 (nachsichtiger Umgang Caesars mit seinen Gegnern); D. Palombi, in: *Lexicon Topographicum Urbis Romae*, I, Rom 1993, S. 279–280 (Tempel der *Clementia Caesaris*); R. Syme, *Die römische Revolution*, S. 84 ff.; Chr. Meier, *Caesar*, S. 547 (Ausweitung des Senats); R. Syme, »Sabinus the Muleteer«, in: *Latomus* 17 (1958), S. 73 ff. (auch in: *Roman Papers*, I, S. 393 ff.); M. C. L. Ferries, »Nam mulas qui fricabat, consul factus est«, in: *Révue des études anciennes* 96 (1996), S. 79–88 (Ventidius Bassus).

Caesar in Ägypten

J. Carcopino, *Passion et politique chez les Césars*, S. 13 ff.; L. Canfora, *Caesar*, S. 192 ff.; Chr. Meier, *Caesar*, S. 483 ff. (Alexandrinischer Krieg); H. Volkmann, *Kleopatra*, München 1953; M. Clauss, *Kleopatra*, München 1995; D. Bonneau, »Nouvelles donnés sur la crue du Nil et la date de la mort de Pompée«, in: *Révue des études latines* 39 (1961), S. 105–111 ff. (Todesdatum des Pompeius); G. Firpo, »Cesare e i Giudei«, in: *L'ultimo Cesare*, S. 125–145 (Besetzung Judäas durch Mithridates); L. E. Lord, »The Date of Julius Caesar's Departure from Alexandria«, in: *Journal of Roman Studies* 28 (1938), S. 19 ff.

Zweite Diktatur und Krieg gegen Pharnakes

J. Carcopino, *Giulio Cesare*, S. 467 ff.; L. Canfora, *Caesar*, S. 227 f.; Chr. Meier, *Caesar*, S. 491 f. (Blitzsieg über Pharnakes); Z. Yavetz, *La plèbe et le prince*, S. 91–97 (zur *lex Iulia de maiestate*).

Der Widerstand der Pompeianer in Spanien und Afrika

L. Loreto, *Il piano di guerra dei Pompeiani e di Cesare dopo Farsalo*, Amsterdam 1994 (Kriegspläne der Pompeianer und Caesars); A. Klotz, *Kommentarium zu »Bellum Hispanicum«*, Leipzig 1927; E. Koestermann, »L. Munatius Plancus und das ›Bellum Africum‹«, in: *Historia* 22 (1973), S. 48–63 (Verlagerung des Bürgerkriegs nach Nordafrika); M. Griffin, »Philosophy, Cato and Roman Suicide«, in: *Greece and Rome* 33 (1986), S. 192 ff.; R. J. Goar, *The Legend of Cato Uticensis from the First Century B. C. to the Fifth Century A. D.*, Brüssel 1987, S. 23 ff. (Catos Freitod).

Von der Diktatur auf Lebenszeit zu den Iden des März

Diktator auf Lebenszeit

Ed. Meyer, *Caesars Monarchie und das Prinzipat des Pompeius*; R. Syme, *Die römische Revolution*, S. 99 f.; E. Lepore, »La decisione politica«, S. 773 ff. (Diktatur auf Lebenszeit); hierzu auch A. Alföldi,

Studien über Caesars Monarchie; G. Dobesch, *Caesars Apotheose zu Lebzeiten*; M. Sordi, »L'ultima dittatura di Cesare«, in: *Aevum* 50 (1976), S. 151–153; M.S., »I poteri dell'ultimo Cesare«, in: *L'ultimo Cesare*, S. 305–313; A. Alföldi, *Caesar in 44 v. Chr.*, I, Bonn 1985; M. Jehne, *Der Staat des Diktators Caesar*, Wien 1987; M. Pucci Ben Zeev, »When was the Title ›Dictator perpetuus‹ given to Caesar?«, in: *L'Antiquité classique* 65 (1996), S. 252–253 ff.; G. Zecchini, *Cesare e il »mos maiorum«*, S. 81 ff. (Kleopatra in Rom); H. Heinen, »Caesar und Caesarion«, in: *Historia* 18 (1966), S. 181 ff.; G. Dobesch, »Zu Caesars Sitzenbleiben vor dem Senat und zu der Quelle des Cassius Dio«, in: *Tyche* 2 (1988), S. 39–102; A. Alföldi, *Studien über Caesars Monarchie*; G. Dobesch, *Caesars Apotheose zu Lebzeiten* (Akklamation mit dem Königstitel bei den *feriae Latinae*); A. Pasqualini, »I miti albani e le origini delle ›feriae Latinae‹«, in: A.P. (Hrsg.), *Alba Longa: mito, storia, archeologia*, Rom 1996, S. 217 ff. (Ursprünge des Latinerfestes); K.W. Welwei, »Das Angebot des Diadems an Caesar und das Lupercalienproblem«, in: *Historia* 16 (1967), S. 44–67; A. Fraschetti, »Antonio e Cesare ai Lupercalia«, in: F.M. Fales / C. Grottanelli (Hrsg.), *Soprannaturale e potere politico nel mondo antico e nelle società tradizionali*, Mailand 1985, S. 165 ff.; A.F., *Romolo il fondatore*, Rom/Bari 2002, S. 18 ff. (Vorfall bei den Luperkalien); S. Weinstock, *Divus Julius*, S. 332–333 (Einführung der *luperci Iulii*); S. W., *Divus Julius*, S. 275–276 (Verhalten gegenüber Pontius Aquila); G. Zecchini, *Cesare e il »mos maiorum«*, S. 132 (Caesars Urteil über Sulla).

Die Verschwörung

K.H. Ziegler, *Die Beziehungen zwischen Rom und dem Partherreich*, Wiesbaden 1964; W.C. McDermott, »Caesar's Projected Dacian-Parthian Expedition«, in: *Ancient Society* 13/14 (1982–83), S. 223–231 (Partherfeldzug); S. Weinstock, *Divus Julius* (Vergöttlichung), bes. S. 152 ff. (*Quintilis mensis*), S. 273–274 (Prozessionswagen), S. 280 ff. (Tempelgiebel), S. 365 (*flamen Caesaris*), S. 169–170 (Ciceros Brief an Atticus); J. Carcopino, *Autour de César*, S. 287 ff. (mit teils einseitig positivem Brutusbild); E. Rawson, »Cassius and Brutus: the Memory of the Liberators«, in: *Past Perspectives: Studies in Greek and Roman Historical Writing*, Cambridge 1986, S. 101 ff.

Die Iden des März – Chronik eines angekündigten Todes

S. Weinstock, *Divus Julius*, S. 342 ff.; S. Montero, »Los prodigios en la vida del ultimo Caesar«, in: *L'ultimo Cesare*, S. 231 ff. (Vorzeichen auf Caesars Ermordung); L. Canfora, *Caesar*, S. 289 ff. (Beteiligte an der Verschwörung), S. 306 ff. (Favonius' Ablehnung einer Ermordung des Diktators); R. F. Rossi, *Marco Antonio nella lotta politica*, S. 52 ff.; G. Traina, *Marco Antonio*, S. 41–42 (Antonius an den Iden des März); J. Carcopino, *Autour de César*, S. 291 ff. (Brutus' angebliche Abstammung von Caesar).

Caesars Leichenfeier und die Rolle des Antonius

R. Etienne, »La curie de Pompée et la mort de César«, in: *Hommages à la mémoire de Jérôme Carcopino*, Paris 1977, S. 71 ff.; L. Canfora, *Caesar*, S. 287–316 (Ablauf der Verschwörung); W. Burkert, »Caesar und Romulus-Quirinus«, in: *Historia* 11 (1962), S. 356 ff.; A. Fraschetti, *Romolo il fondatore*, S. 116 ff.; L. Hayne, »Lepidus' Role after the Ides of March«, in: *Acta Classica* 14 (1971), S. 109 ff.; U. Gotter, *Der Diktator ist tot! Politik in Rom zwischen den Iden des März und der Begründung des Zweiten Triumvirats*, Stuttgart 1996; R. Syme, *Die römische Revolution*, S. 101 ff.; E. Gabba, *Appiano*, S. 146–149 (Gültigkeit der Verfügungen Caesars); R. F. Rossi, *Marco Antonio nella lotta politica*, S. 56 ff.; A. Fraschetti, *Roma e il principe*, Rom/Bari 1990, S. 48 ff.; G. Traina, *Marco Antonio*, S. 42 ff.; P. Jal, *La guerre civile*, S. 6; M. Gelzer, *Cicero. Ein biographischer Versuch*, Wiesbaden 1980, S. 327; S. Mazzarino, *L'impero romano*, Rom/Bari [2]1984, S. 41 (Ciceros Amnestievorschlag); Y. Thomas, *Se venger au Forum*, S. 66 ff. (Vorzeigen der Wunden); G. Dobesch, *Caesars Apotheose zu Lebzeiten*, S. 129–130; S. Weinstock, *Divus Julius*, S. 200 ff. und S. 295 (Sakrosanktheit der Person Caesars); F. Dupont, »L'autre corps de l'empereur-dieu«, in: *Le Temps de la Réflexion* 7 (1986), S. 223 ff. (gescheiterte Verbrennung des Leichnams im Jupitertempel); A. Fraschetti, »La sepoltura delle Vestali e la città«, in: *Du châtiment dans la cité. Supplices corporels et peine de mort dans le monde antique*, Rom 1984, S. 123–124 (Bestattung der Vestalinnen innerhalb des Pomeriums bezeugt durch Servius' Kommentar zu *Aeneis* 11, 206).

Bibliographischer Nachtrag: Umfangreiche Literaturangaben enthält auch der von Miriam Griffin herausgegebene Band *A Companion to Julius Caesar*, Oxford 2009.

Abbildungsnachweis

Die Vorlagen für die Abbildungen entstammen dem Verlagsarchiv.

Personenregister